大川隆法

Ryuho Okawa

逆境に打ち克つ経営法

経営とは、実に厳しいもの。

まえがき

経営に関する何回かの説法をまとめてみた。「経営とは、実に厳しいもの。」と題してみたが、まさにその通りである。第1章で「経営は命《いのち》懸《が》け」と述べているが、その言葉通り、私自身、この話の数週間後、生死の境《さかい》をさ迷《まよ》う大病をし、奇跡のカムバックを果たしている。

立宗《りっしゅう》五年目で宗教法人格を取得した一九九一年には、東京ドームでの講演会を始めたが、マスコミからの猛攻と兵糧《ひょうろう》攻めも受けて、初めての大量リストラや、支部数削減も経験した。九五年の「O教事件」の時には、命を狙われて、大新聞にも載った。そこまで嫉妬《しっと》されているとは思ってなかった。夫婦の危機も経験しつつ、再び命懸けの全国行脚《あんぎゃ》、英語による世界伝道にも挑戦した。学園や大学、政党づくりにも体当たりで挑戦した。映画も十作目が公開直前であり、十二作目まで製作を進めている。

「挑戦」「忍耐」「精進《しょうじん》」のたえざる繰り返しが「経営」である。景気にかかわらず、常に「逆境」はある。しかし、トップの誇りもそこにある。

二〇一六年　二月二十三日

幸福《こうふく》の科学《かがく》グループ創始者兼総裁《そうししゃけんそうさい》　大川隆法《おおかわりゅうほう》

経営とは、実に厳しいもの。　目次

第1章　経営とは、実に厳しいもの。
――「ソフトウォーの時代」に生き残るために

第2章　リーダーの器《うつわ》
——人の上に立つ者の「三つの条件」

第3章 インスピレーション獲得《かくとく》法

――異次元発想で「新しいもの」を創り出せ

第4章　新価値創造法

——努力を継続《けいぞく》し、「逆発想」を心掛《こころが》けよ

第5章　逆境経営法

――トップが変わらねば事業は発展しない

第1章

経営とは、実に厳しいもの。

――「ソフトウォーの時代」に生き残るために

二〇〇四年四月二十日　説法《せっぽう》

東京都・幸福の科学総合本部にて

1　これからは「ソフトウォーの時代」

経営不振《ふしん》や事業不振による自殺者数に見る「経営の厳しさ」

本章では、「経営とは、実に厳しいもの。」と題して述べていきます。もちろん、経営全般《ぜんぱん》についての基本的な考え方を述べるつもりではありますが、「厳しい」という観点を一つ忘れずにいていただければ幸いです。

さて、ある種の統計によれば、「経営不振《ふしん》や事業不振で自殺する人は、年に八千人ぐらいはいる」とも言われているのですが、これはなかなか大変なことだと思います。

昔から、「経営は命懸《いのちが》け」という言葉もありますが、この統計を見るかぎり、

●自殺の原因　1998年から2012年まで、自殺者は年間3万人を超え、最も多い原因は「健康問題」、次いで「経済・生活問題」（約8000人）、「家庭問題」、「勤務問題」等の順となっている（警察庁統計）。

「言葉だけではなく、本当にそうだ」ということでしょう。

なお、実際に自殺する人が八千人いるとしても、予備軍とか、未遂者《みすいしゃ》とか、そういう人を含《ふく》めると、この十倍ぐらいはいると思われます。つまり、「もう死のうか、どうしようか」というほど思い詰《つ》めている経営者や事業の責任者など、そういう立場にある人が、毎年、八万人ぐらいはいるのではないかということです。

まさしく、「経営とは厳しいもの」であると思います。

特に、中小企業《きぎょう》においては、昔から、「倒産《とうさん》すれば、全財産を失う」というのは当たり前のことでした。

大会社の場合、経営者は雇《やと》われ役員で、そこまでにはならないことも多かったのですが、中小企業の場合は、ほとんど一蓮托生《いちれんたくしょう》であり、連帯保証もしているのが普通《ふつう》なので、倒産すると全財産を失うことになるのです。

さらには、全財産を失うだけでなく、家族を失い、従業員を失い、先ほど述べたように命をも失うところまで行くわけなので、昔で言えば、まさに戦《いくさ》での敗戦、あるいは落城《らくじょう》に相当するかもしれません。「それだけの厳しさがある」と言えるでしょう。

この現状を見るかぎり、「経営能力、経営実力というものに対する判定は非常に厳しく、また、経営とは大変なものだ」ということが分かると思います。

そのため、安易に、そのような立場に立つものではないし、「それだけの力がない」と思えば、やはり、そういう能力のある人の下《した》で、サラリーマンをしているほうがよいという結論にもなるのではないでしょうか。

経営者が念頭に置かねばならない「ソフトウォー」とは何か

そのような「厳しさ」を前提としつつ、現在ただいま、そして、これから先の未来の時代について見るかぎり、「経営者がいちばん念頭に置かなければならないことは何か」と言うと、「やはり、これからはソフトウォーの時代である」ということですが、そもそも「ソフトウォー」とは何でしょうか。

ソフトウォーとは、「ソフト戦争」ということです。

コンピュータの用語として、「ソフトウエア」という言葉があります。コンピュータの外側の機械のほうを「ハード」と言いますが、コンピュータの中身の機能のほう、つまり、プログラムや使用機能、お客様サービス用の内容のほうを「ソフト」と言うわけです。

分かりやすく言えば、ハード、つまり、機械をつくっていたのがIBMで、ソフト、中身のほうをつくっていたのがマイクロソフトになります。

〝巨人《きょじん》〟のIBMはハードをつくっていたのですが、それに対して、「ウィンドウズ」などのシリーズをつくり、中身のほうで攻《せ》めたのが、マイクロソフトのビル・ゲイツでした。それは、「大対小」の戦いでしたが、いつの間にか、マイクロソフトのほうが大きくなったのです。

これは一つの象徴《しょうちょう》ですが、このように、情報価値や使用価値、あるいは、「顧《こ》客《きゃく》が満足する内容を提供する」というところまで、やや定義を広げていけば、内容勝負、情報価値勝負というような考え方が、「ソフトウォー」ということになります。

これに対して、外見というか、物そのもの自体での戦いを、「ハードウォー」と言ってもよいかもしれません。

そして今、流れはソフトウォーに来ているわけです。したがって、「ソフトの戦いにおける成功は付加価値が大きい」という時代が来ていることを忘れてはならないと思います。

コンピュータで言うと、ＩＢＭの超《ちょう》大型コンピュータのように、昔は大きなも

〈経営リーダーの要諦①〉

今、流れはソフトウォーに来ているわけです。したがって、「ソフトの戦いにおける成功は付加価値が大きい」という時代が来ていることを忘れてはならないと思います。

のが高く売れたのでしょうが、それもだんだん小さくなってきて、内容や使用の満足度がますます大事になってきました。

例えば、携帯《けいたい》電話等でもそうですが、「電話」という普通の機能を超《こ》えて、いろいろな内容を持つようになってきています。ハードとしての、「電話とは、こういうものである」という定義を超え、内容や情報、サービス等のほうに勝負の主戦場が移ってきていて、これが、現在から未来に向けての戦いなのです。

実は、幸福の科学がやってきたことは、最初から徹底《てってい》してソフトウォーでした。ハードは後回しで、「ソフト、ソフト」で攻めていた団体ではあります。

宗教はわりにハードが好きであって、この場合のハードとは、大きな土地や大《だい》伽藍《がらん》、つまり大きな建物のことになります。外から見て分かるような堂々たる建築によって、人を寄せたり、感動させたりすることが、ハードウォーに当たるでしょう。

一方、ソフトウォーとは「中身の戦い」であり、内容や情報価値、そこに属している信者の満足度、幸福度、あるいは、教え等の感化力などに当たります。

とにかく、幸福の科学は、徹底的にソフトウォーをやってきており、目立った建物を自前《じまえ》で持つところまで行くのに、立宗《りっしゅう》から十年ぐらいかかっています。立宗から二十年に近づいたころ、やっとあちこちに正心館《しょうしんかん》や支部精舎《しょうじゃ》などの建物が建つようになってきました（注。説法《せっぽう》当時。二〇一六年二月現在、国内に約六百カ所の支部精舎・支部・拠点《きょてん》、二十五カ所の大型精舎を展開し、海外にも支部精舎や大型精舎などを展開している）。

つまり、最初はソフトで攻めて、だんだん、それに似合うハードをつくり、そのハードの力を利用して、さらにソフトの価値を高めようとしているわけです。そういう戦い方を、ずっと展開してきました。

幸福の科学は、ソフトウォーという意味では、今まで徹底してやってきましたし、それが、当会が他宗教とやや違《ちが》うと見られたところかと思います。

ソフトウォーのディズニーランド、ハードウォーだったハウステンボス

さて、「ソフト」といってもまだスッと分からない方も多いと思うので、たとえをもっと広げて話をしましょう。

分かりやすく言えば、それは「東京ディズニーランド」です。

みなさんのなかにも行ったことがある人はいると思いますし、お子様がいる人は行かれた方が多いかもしれませんが、ディズニーランドには子供を連れても、何度も何度も行けるでしょう。どの内容も面白《おもしろ》いし、一回では見切れません。

また、内容も更新《こうしん》されていき、毎年いろいろ違ってきます。

もちろん、お金も非常に儲《もう》かっているので、ハード面でも新しいものをつくって展開することができるわけです。

そのため、不況《ふきょう》にもかかわらず、海外からもそうとう大勢の人を集めており、経営は順調です。

一方、決して批判するために挙げるわけではありませんが、例えば、少し外れて「日光《にっこう》○○村」などに行くと、ソフトといっても、一度見ると、「二度行くほどではないかな」と思います。もし、そこで当会の信者が働いていたら申し訳ないのですが、やはり、「二度、三度行く」というほどのものは感じられません。

あるいは、長崎《ながさき》にハウステンボスというところがありますが、そこは長崎オランダ村を発展させて、似たようなオランダ型のものをつくったところです。

私も、ハウステンボスができて二、三年目ぐらいに、子供を連れて行ったことがありますが、典型的なハードウォーをやっているところでした。

もちろん、最初はよいと感じます。要するに、ハウステンボスは、「オランダに行かなくても、オランダの気分が味わえる」というところなのです。建物もオランダそっくりですし、風車《ふうしゃ》も運河《うんが》もつくってあり、チューリップも植えてあるので、オランダに行ったような気分になります。言ってみれば、飛行機料金が節約できる感じでしょうか。「海外旅行の費用を遊びに回せるので、その分安く、オランダに行った気分になれます」という、気分的な満足感はあるかもしれません。それはそれで、一回目に行く分にはよいのですが、リピートというか、何度か行こうとすると、その気が起きてこない面がありました。

それは、なぜなのでしょうか。

実際、ハウステンボスはその後、一回倒産して会社更生《こうせい》法の適用を申請《しんせい》し、今、立て直し中なので（説法当時）、それについて厳しいことを言うつもりはありません。

ただ、私は一回しか行っていないものの、ハウステンボスの説明を聞き、趣旨《しゅし》も読んで、最初から危険なところを感じ取っていました。

それは、今述べたとおり、「ハードウォーでやっている」というところです。「なぜ、ハードウォーと思ったか」というと、経営者が、「『出来上がったオランダを模《も》した建物を見て、レンガの厚さが、本場のオランダのものに比べて一ミリでも違っていたら、やり直せ』という感じでやりました。『レンガの厚さが本場そっくり』というぐらいまでこだわってつくったものです」というような説明をしていたからです。

こだわり自体はよいことですし、確かに、「プロ好みのこだわり」としてはそのとおりなのですが、私がそのとき感じたのは、「レンガの厚みが一ミリ厚いか薄《うす》いか」ということは、主に来ている日本のお客さん、および、台湾《たいわん》や韓《かん》国《こく》あたりから来ているお客さんにとって、それほど重要な意味を持つものではないということです。はっきり言えば、それは「どうでもよいこと」であり、レンガが厚くても薄くても、それは、どうということはありません。それは、つくる側のこだわりであって、客側にとっては、どうということはないわけです。

それによって、お客さんの幸福感が増大するでしょうか。例えば、建築関係者以外で、「うわあ！　五十五ミリだったところを五十四ミリにピシッと合わせてくれたから、うれしい」という人は、ほとんどいないはずです。「こだわりが、お客さんのほうに必ずしも向いていない。自分たちのほうのこだわりではあるな」と思いました。

それから、「数百トンの水を落とす」というような水を使ったショーを行《おこな》っていましたが、このトン数にもこだわっていました。「落とす水のトン数が世界一」など、そのようなことにこだわっていたのです。

そのため、「ああ、これは、つくっている人の考え方が、ハード志向なのだな。だいたいハードで考えているのだな」ということは、一回目に見て分かり、さらに、「今後、経営が厳しくなるのではないかな」とは思っていました。そして、その数年後、やはり経営的には傾《かたむ》いて、苦しくなったのです（注。本法話《ほうわ》収録の後、ハウステンボスは、支援《しえん》企業の下《もと》で新イベントを開催《かいさい》するなどして〝変身〟し、リニューアルオープン。その後、さまざまな〝ソフト〟面での工夫《くふう》を凝《こ》らして人気を回復、七年後の二〇一一年には黒字に転じた）。

一方、ディズニーランドのほうは繁盛《はんじょう》しています。これには、もちろん地の利もあって、「大東京の近くにある」というところも大きいでしょう。あちら（ハウステンボス）のほうは、アジアから人を集めていましたが、不況になって、アジアの人が来なくなってきたことも大きかったかもしれません。

しかし、アジアの人たちも、まだディズニーランドのほうには来ています。それは、やはり、内容的に面白いからでしょう。

これがソフトウォーであり、「徹底的に楽しませる」ということを中心にソフト展開をしています。ソフトの戦いをしているために、お客さんは飽《あ》きないし、リピート客は来るし、来た人の期待を裏切らないわけです。

確かに、ハードウォーの場合、収穫《しゅうかく》が逓減《ていげん》してきます。見飽きないためには、次々と新しいものをたくさんつくらなければいけませんが、そうすると、お金がすごくかかるのです。ただ、コストがかかるわりに、経営的にはそれほどよくはなりません。

ですから、こういう、ソフトウォーにこだわったところが強くなって、不況でもさらに力を強めて、弱いところを潰《つぶ》していっているのです。それが現状と言わざるをえません。

軽井沢銀座《かるいざわぎんざ》のソフトクリーム屋に見る「ソフトウォー」

大きなところを例に出すのはよくないかもしれないので、話をもっと小さくし、グッと縮めて、軽井沢銀座《かるいざわぎんざ》を例に挙げてみましょう。そこは夏になると観光客がたくさん来るので、観光客向けのお店などが開かれています。

そこには、ある二軒《けん》のソフトクリーム屋があり、五メートルぐらいの幅《はば》の道を挟《はさ》んで展開されているのですが、片方の店には、いつも行列ができていて、もう反対側の店には、人がほとんどいないのです。そちらには、いても一人か二人しかいないのに、行列の人たちは、片方の店の商品を待っているのです。

そこは、独特のソフトクリームをつくっている店で、人がズラッと並んでくるのですが、見ているかぎり、反対側の店から醜《みにく》いぐらいの嫉妬心《しっとしん》を感じました。「なぜ、あちらに並んで、こちらに来ないのか」という感じが非常に強くあったのです。

わずか五メートルですから、立地条件の問題ではないと思います。「魚が泳いでいたら、そこに餌《えさ》が落ちた」というだけのことではないと思いますし、道の右と左という違いはあるけれども、それも、あまり関係がないでしょう。

やはり、お客さんのほうは、徹底的に知っており、それを目当てに行っているわけです。

その目当てにしているものとは、もちろん、「香《かお》りや舌触《したざわ》りなどがよく、食べ心地がよい」ということであって、それでリピート客になっているのです。そして、「毎年夏に、そのソフトクリームを食べに来る」ということで、そちらの店に行ってしまいます。

要するに、売れないほうのソフトクリーム屋では、一見《いちげん》さん、つまり、初めて来た人が知らずに買ってはいるけれども、毎年、夏に軽井沢銀座へ行く人は、売れているほうの店に行くという関係なのです。

このように、「厳しい」のです。お客さんは「厳しい選択《せんたく》」をします。

アイスクリームは、二個も三個も四個も食べられるものではありません。暑くても、一個食べればもう十分ですし、一個の値段も大して変わらないものです。

しかし、「その一個を食べるのに、どの店にするか」を、お客さんのほうも選んできます。それは厳しいものです。

その店には、それだけの熟練した成果があって、外から分からない技法が入っていることでしょう。それを明かしたら終わりになりますから、それは、その店独特の技術であろうと思います。

ソフトウォーとは、そういうものであり、それができなければ駄目《だめ》なのです。

一流のホテルやレストランに見る「ソフトウォー」

このソフトの部分が分からないところは、ホテルなどでも潰れていきます。

後《のち》ほど述べますが、経営の要素のなかには、「人事」もあるのです。

例えば、帝国《ていこく》ホテルなど、昔ながらの大ホテルで、ホテルの御三家《ごさんけ》といわれるところがありますが、そういうところの総料理長等は、料理人であっても専務取《とり》締役《しまりやく》ぐらいになります。つまり、経営のトップ陣《じん》なのです。

ただ、そういう総料理長が、いわゆる管理職だからといって、表《ひょう》だけを見て、人の使い方とか、回転数とか、「料理をどれだけつくれるか」とか、そんなことばかり見ていたのでは、やはり使命が果たせません。そういう意味での監督官《かんとくかん》では駄目なのです。

やはり、役職が上になればなるほど、味にこだわらなければいけません。ソフトウォーとしては、料理の味へのこだわりが大事なのです。

ソフトウォーでなければ、そうではないのですが、ホテルの場合、ソフトウォーで戦うのならば、「料理がおいしいかどうか」になります。それで、お客様が来るか来ないか、リピートされるかどうかがほぼ決まるので、非常に大きいところでしょう。

そうすると、料理の味とか、見栄《みば》えとか、食べたあとの満足感とか、そういうことが非常に大事であって、このお客様の感じそのものが、経営にずばり影響《えいきょう》してくるのです。

そのため、「料理をつくるのは下っ端《したっぱ》の仕事だ。下のほうがつくればよい。俺《おれ》のほうは監督をしていればよいのだ」というわけにはいかない面があります。

総料理長などの料理人であれば、「季節ごとの料理に何が合うか」「今は何がおいしいか」、あるいは、「出汁《だし》やタレはどうか」といったことに対するこだわりは捨てるわけにはいきません。

これについては、ホテルではなく、一流のレストランも同じです。

例えば、春の時期であれば、タケノコ料理もあるだろうと思いますが、大衆食堂の場合、「どこのタケノコを使おうと、大して変わらない」と思っているでしょう。

しかし、これが一流レストラン、一流ホテルなどの場合、「京都のタケノコを使うか、千葉《ちば》のタケノコを使うか」ということでも〝重大問題〟なのです。

このようなことは、素人《しろうと》には分かりません。「京都のタケノコと千葉のタケノコでは、何が違うのか」といっても、素人であれば、「そんなもの、変わらないのではないか」と思うけれども、やはり〝違い〟があるのです。この違いが分からなければ、一流どころの料理人はできないでしょう。

「伝統的に、京都のものを使う」、あるいは、「千葉のものを使う」などということがあると思いますが、何がどう違うかといえば、匂《にお》いや舌触り、見た目に微《び》妙《みょう》な違いがあるのです。そこを選べなければいけません。さらに、「タケノコの甘味《あまみ》が強いか、強くないか」「その甘味とフランス料理とが合うか、合わないか」というようなところへのこだわりが必要で、ここが付加価値を生んでいく部分なのです。

ソフトウォーをやっているところは、そういうところについて、非常にこだわっていきます。

ところが、ソフトを気にせず、「料理をつくるのは下の仕事だ」と思っているのであれば、タケノコを仕入れてくる際、「タケノコの値段が何本で幾《いく》らか」を見て、「安いほうがいい」といって、それで終わりになるでしょう。仕入れを自由にさせ、「結論としての味」にこだわらなければ、タケノコの仕入れは、そういうことになります。

あるいは、「近場《ちかば》のほうほど新鮮《しんせん》で味がよい」という考えもあるかもしれません。ともかく、「値段が安い」とか、「運送費が低い」とかいう理由もあるのでしょうが、味にこだわれば、そういう発想にはならなくなってきます。

要するに、内容を次から次へと点検して、よくしていき、お客様の満足度を上げていくことを常に中心に考えて事業展開をしていくことが、「ソフトウォー」なのです。

そういうことを考えることが大事であって、経営者は、これから、「ソフトウォーの時代に入っているのだ」ということを、常に念頭から離《はな》してはいけません。

それが第一点です。

2　経営者は「財務」と「人事」を見よ

資金を調達し、運用し、活用し、投資する部門である「財務」

さて、普通《ふつう》、経営者には、もともと得意な分野があります。初めて起業した人であれば、たいてい、何かの技術者であるか、営業関係の人であることが多いでしょう。あるいは、「何らかのサービスを新しく開発した」という人もいるかもしれません。

そういうサービスを開発したか、何かの技術を持っていて物がつくれるか、営業能力が高くて、「よいところから仕入れて売る」という力があるか。このように、何らかの能力を持って始めたに違《ちが》いないのです。

ただ、最初はそれでよいのですが、事業規模が大きくなるにしたがって、次第《しだい》に、いろいろな能力を持たなければいけなくなります。

例えば、小さな会社の場合、だいたい、社長が営業もやっており、社長の奥《おく》さんが経理部長などをやっていて、さらに参謀《さんぼう》をしているというような感じが多いと思うのです。

しかし、従業員の規模が百人を超《こ》えると、奥さんが経理部長では無理になってきて、専門家でなければ、もたなくなってくるようになります。そこからもう少し大きくなり、規模が数百人ぐらいまでになってくると、経理部長だけでは無理になってきて、財務という仕事が発生するのです。

この「財務」とは、いったい何でしょうか。小さな会社の経営者には、「財務」といっても分からない人が多く、経理以外は分からないかもしれません。

経理には、もちろん、毎日の仕入れや支出等の帳簿《ちょうぼ》つけから始まって、小さいながらも決算という仕事があります。経理とは、そういう業務のことです。

一方、「財務は、よく分からない」という方も多いかもしれませんが、それを定義的に言うと、「資金を調達し、運用し、活用し、投資する部門」のことになります。

①資金の調達

まず、「資金の調達」についてですが、それは、例えば、銀行から借りてくるなどということです。あるいは、友人・知人から借りてくることもあるかもしれませんし、株式を発行する場合もあるでしょう。そのように、いろいろな資金調達の方法があるのですが、まずは資金が必要なので、資金の調達方法を考えることが、財務の仕事です。

②運用

次は、「運用」になります。つまり、調達した資金を銀行に預けるなり、ほかに利回りのよいものに回すなりして、どのようにするか、資金の運用の方法を考えるわけです。

③活用

それから、「活用」ですが、従業員の人件費から始まって、仕入れ代金や原材料費など、いろいろな内部のコストがあるので、「資金の使い方として、どのように活用していくか」ということも見なければいけません。

④投資戦略

さらには、「投資戦略」です。これは、お金に余剰《よじょう》があれば、あるいは、余剰がない場合には借り入れてでも、将来のために工場をつくるというようなことでしょう。「車を五万台つくれるぐらいの能力がある工場を新しくつくらなければいけない」など、さまざまな投資戦略があるだろうと思います。

もしくは、「ここに従業員寮《りょう》をつくらなければいけない」ということもあるでしょう。例えば、ホテルなどの場合、経営を安定させるためには、従業員寮をホテルの裏側につくっておかないといけません。朝晩と同じ人を使うのは大変ですから、遠隔地《えんかくち》から通《かよ》われたのでは、一日二回は出てきてくれないのです。そういう意味で、「従業員寮が欲《ほ》しい」という投資について考えるようになります。

会社がある程度の規模になれば、このような資金全体についてのエキスパート、プロが必要になってくるのです。

ただ、先ほど述べたように、中小企業《きぎょう》の社長の場合は、もともと、そういう知識を持っていないのが普通なので、社長業をやる間に、自分で勉強して、そういう能力を身につけなければいけません。また、専門家にはなれないけれども、専門家を置いて、だいたい、全体の経営においての判断ができるようにならなければいけないわけです。

「財務」と「人事」の責任を放棄《ほうき》する人は社長ではない

さらに、ある程度の規模になると、人事セクションができます。もちろん、社員が百人にもなれば当然でしょうが、五十人を超えれば、必要になるかもしれません。人事課、もしくは、人事部ができてくるのです。この部分も大事になってきます。

人の能力の判定、人の使い方、採用、昇進《しょうしん》、それから、リストラで会社を辞《や》めてもらわなければいけないこともあります。ですから、ある程度の規模になると、そういう人の活用の仕方についてのセクションが当然できてきます。

ところが、こうした重要なセクションが発生してきても、もともと技術屋だった社長の場合は、「人事については、まったく分からない」ということもあるでしょう。「『あの職人は腕《うで》がいいかどうか』は分かるけれども、それ以外については分からない」というのが普通です。しかし、だんだん、そちらについての見識も持たなければいけません。

ですから、社長自身が、もともとメーカーの開発者だった人であれば、営業について、あるいは、管理部門についての知識を持った人を集め、その人たちを有機的に使って業務をつくっていかなければいけないのです。

その意味で、「社長が新しい能力を身につけなければ、社業は発展しない」と言えるでしょう。

これら以外にも、会社にはいろいろな業務分野がありますが、「財務」の部門と「人事」の部分は、どうしても、最終的にトップの責任が残るところになります。これを自分の責任と思わなければ、もう社長ではないのです。

「経理も財務も分からないから、経理部長は、お金があったら、適当に工場を建てるなり何なりやってくれ」というような感じで、「よきに計《はか》らえ」と丸投げするようであれば、これはもう社長ではありません。これでは駄目《だめ》なのです。

あるいは、「俺《おれ》はよく分からないから、人事部長が必要なだけ人を雇《やと》ってくれ」とか、「好きな人を出世させておいてくれ」とかいうようであれば、やはり社長ではありません。

人事・財務の部門は経営に直結する部分であり、最終的にトップの責任は残るのです。

もちろん、会社が大きくなったら、下に任せなければいけない部分はたくさんあります。現場に近いところで、「工場についての人事管理は工場長が見る」とか、「営業所についての人事については営業所長が見る」とか、現場についての

〈経営リーダーの要諦②〉

会社にはいろいろな業務分野がありますが、
「財務」の部門と「人事」の部分は、どうしても、
最終的にトップの責任が残るところになります。
これを自分の責任と思わなければ、
もう社長ではないのです。

責任はいろいろ残るでしょう。しかし、最終的にはトップに責任があって、これは、どうしても責任を負わなければならず、逃《のが》れることはできないのです。

これから逃れるのであれば、もう社長の職を去って、相談役に退《しりぞ》かなければいけません。

したがって、経営者には、どうしても、人間としての成長、能力的な成長が要《い》るのです。

「財務」や「人事」に社長の最終判断が必要な理由

さて、財務部門は、「お金をどのように調達して使うか」というお金のあり方を扱《あつか》うのに対し、人事部門は、「どのように人を調達して使うか」ということを考えるところです。これらは、企業で言うと「参謀部門」に当たります。

したがって、現場に近いところでの判断権はあるべきであったとしても、最終的には、情報を整理して、トップの片腕になり、トップの心で、「このようにしたほうがよいと思う」ということをトップに直言《ちょくげん》し、判断を求めるセクションなのです。そういう意味で、参謀部門であるわけです。

つまり、参謀としてのキチッとした正確な考え方を持ちながら、企画でもって、トップにその考えを上申し、最終的に判断を仰《あお》ぐことが大事になります。

また、トップの側は、「この最終的な判断から逃れたら、トップではない」ということです。これは、責任が生じるところだからです。

というのも、従業員というのは、「経営理念」とか「経営方針」とかを言われても、なかなか理解ができないわけです。年頭に社長の経営方針が出ても、「何か言っているけど、よく分からない。『世界の環境《かんきょう》が変わって、経営環境が変わって、デフレがどうのこうので、どうする。わが社も何とかかんとか……』など」と言っているけれども、何だか、昔のお経《きょう》を聴《き》いているようで眠《ねむ》くなってしまい、全然、分からない」というような感じになってしまいます。

ところが、(従業員は)「人事」なら分かるのです。もちろん、新入社員には少し厳しいかもしれませんが、若手の社員や女子社員であっても、発表された人事を見れば、社の方針がどうなっているのかが分かるわけです。これは〝井戸端会議《いどばたかいぎ》〟で、かなり判断できる部分があり、「どういう人を登用し、どういう人を降格し、どういう人を辞めさせたか。あるいは、どういう仕事を上は重く見ているか」というようなことが、一目瞭然《いちもくりょうぜん》に出るのが人事なのです。

つまり、従業員にとって、人事の結果は、経営方針の一部として理解しやすいものであり、そのときどきでトップがどのような考えを持っているかは、人事を見れば一目瞭然です。その意味で、「人事はトップの責任として残る」ということを知らなければいけません。

また、人事の判定の仕方によって、「どのような会社の未来を描いているか」

〈経営リーダーの要諦③〉

そのときどきでトップがどのような考えを持っているかは、人事を見れば一目瞭然《いちもくりょうぜん》です。その意味で、「人事はトップの責任として残る」ということを知らなければいけません。

ということが、ある程度見えてきます。トップには、それについての責任が生じるのです。

これは、「財務」に関しても同じでしょう。

お金のエキスパートからの意見はあるにしても、例えば、「借入金《しゃくにゅうきん》をしてまで工場を建てるか。それとも、工場を建てるよりは、借入金を減らすか」というような大きな判断を、財務部長の判断だけでやってしまっては駄目です。

財務部長は、「借金をしてでも工場を建てましょう」とか、「いや、借金を返してしまいましょう」とか、根拠《こんきょ》をつけていろいろと意見は言うかもしれません。

ほかにも、「営業を拡張していますから、新しく社員を百人増やしましょう」とか、「中途《ちゅうと》採用は、これだけ入れましょう」とか、あるいは、「退職金はこれだけ出しましょう」とか、いろいろな意見は言ってくると思うのです。

しかし、最終的に、「やるか、やらないか。進むか、退《しりぞ》くか。あるいは、一部修正するか」という判断は、トップに残ります。

「人事」と「財務」の部分は、参謀部門として非常に重要であり、有力な企業幹部がいなければいけないセクションではあるものの、「大将としての判断は残りますよ。これを捨てたら終わりであり、ダッチロールに入りますよ」ということは述べておきたいと思います。

3　部門間の対立をどう調整するか

社長が「営業」以外の出身である場合の注意点

さらに、「営業」という部分も大事です。ここのセンサーが働かなくなれば、だいたい、組織は駄目《だめ》になります。

もちろん、営業出身の社長であれば、営業にはうるさいでしょうが、営業以外の出身で、物づくりをしていた社長などであれば、営業部門に誰《だれ》か片腕《かたうで》がいないと、普通《ふつう》はうまくいかないものなのです。

とはいえ、社長が営業についてまったく知らないわけにはいきません。「わしは物をつくっておるが、どう売っているかは全然知らない」というわけにはいかないのです。

やはり、商品をつくるだけで売れずに溜《た》まってしまい、在庫の山になってしまうのであれば、話になりません。たとえよいものであったとしても、売らなければ、そのよさは分かってもらえないでしょう。その意味で、「売る能力」は非常に大事なことになります。

ここは確かに、他の人でも代用できるところはあるものの、気をつけないと、この部分が滞《とどこお》る可能性は非常に高いのです。

部門間での対立を最終的に判断するのがトップの仕事

ところで、営業部門の長《ちょう》というのは、だいたい、財務部門や人事部門などの管理部門、参謀《さんぼう》部門、あるいは、経理部門とは意見が合わないものです。

なぜなら、「仕事をしたいので、もっと予算が欲《ほ》しい」と必ず言うからです。

「もっと出張費が欲しい」「営業促進《そくしん》のための費用が欲しい」「もっと営業人員が欲しい」「営業所が欲しい」などと必ず言ってきます。

もちろん、それは、営業部門で考えるかぎりは正しい考えではありましょう。しかし、そうするには人事部門や財務部門、あるいは、経理部門との調整が必要であり、このあたりで意見が正反対になるわけです。

やはり、人事部門や経理部門などから見れば、「営業部員が増える」ということは、それだけコストが高まることになるので、「本当にそれでいけるのか。成果があがるのか」という議論が沸騰《ふっとう》するのは当たり前でしょう。

また、議論して、建設的な結果が出ればよいのですが、「お互《たが》いに理解ができないまま、喧嘩《けんか》だけをして、平行線になる」ということはよくあるのです。いわゆる「セクショナリズム」ですが、こうした問題はどうしても起きます。

しかも、専門家であればあるほど、意見が対立してくるのです。専門家でなければ、お互いに「なあなあ」で話ができるのですが、専門家になればなるほど、意見がぶつかりやすくなるわけです。

したがって、そうした対立について、「全社的、つまり会社全体として、どこまで比重を置くか」という判断もまた、トップの仕事として残ります。

あるいは、営業部門と、物をつくるほうである技術・開発部門というのも、やはり、対立しやすいものです。

物をつくったほうは、「自分が悪い」とは考えずに、たいてい、「売れないのは営業が悪い」と言うでしょう。一方、営業のほうは、「技術部門が悪くて、物が悪いから売れないのだ」と必ず言います。そのように、お互いに相手の責任にするのですが、「営業が悪いか、技術が悪いか」といっても、お互いに片方しか知らないため、どうしても水掛《みずか》け論になるところがあるわけです。

いずれにせよ、営業部門、生産部門、製造部門、人事部門、財務部門など、さまざまな部門がありますが、それぞれ、「エキスパートは育つけれども、喧嘩も始まる」ということで、トータルのマネジメントをするのは極《きわ》めて難しいと思います。

重役は、ほかの部門についても知らなければいけない

また、部長など、それぞれの部門の長は、会社としての建前《たてまえ》があるので、いずれは役員になったり、取締役《とりしまりやく》になったりするでしょう。やはり、年齢《ねんれい》が来れば常務になったり、専務になったり、副社長になったりすることもあると思います。しかし、そのタイトル（肩書《かたがき》）をもらった人が、あくまで部門代表の意見だけを言っているようでは、全社としては動けなくなるのです。

要するに、ある部門の代表であったとしても、ほかの部門について、ある程度分からなければいけません。ほかの部門についてのエキスパートにはなれないに

しても、経営者としての視野を持ちながら、考え方とか、仕事のやり方とかについて、多少は理解しなければいけないのです。そうした「複数の分野」にまたがる見識を養い、広い視野を持つ必要があるでしょう。

これが「重役」です。

やはり、組織には、複数の部門についてバランスの取れた見方をして、意見を統合する「重役」の存在が不可欠になってくるわけです。こうした人が育たなければ、いつまでたっても、会社のなかで喧嘩ばかりしているような状態が続きます。

もちろん、社長自身もそれらについての見識を持たなければいけませんが、自分が見識を持っている上で、さらに、その見識を代行してくれる人たちをつくっていかなければいけません。これが、「経営担当者としての重役」の存在理由です。

ともかく、組織としてはそのようになってくるわけであり、社長であれ、重役であれ、「能力を成長させて、視野を広げて、見識を高めていかないかぎり、会社全体での安定的発展はないものなのだ」ということを、どうか理解してほしいと思います。

4　現代のリーダーとは何か

「お客様の心をつかむ」という視点を持つ

人間というのはどうしても、「自部門での成功や成果がすべて」というようにものを考えがちであり、視野が狭《せま》くなるものです。

そのため、前述したように、「こんなにいいものをつくったのに、売れないほうがおかしい」「いや、売れないのは物が悪いからだ」というような議論が延々と平行線になるわけですが、最後は全社的な判断が要《い》るでしょう。

そして、もう一つの視点としては、顧客《こきゃく》第一主義で、「当社のお客様たちはどのようにお考えだろうか」と、全体の総意としてはどうかを考えることが大切です。これは、政治的に、民主主義的に言えば、「民意」ということになるかもしれません。「民《たみ》の総意としてはどう思われるでしょうか」というのと同じく、「お客様はどのようにお考えになるだろうか」と考えるわけです。

もちろん、似たような業務をしている同業他社があれば、そことの競争があるわけですから、なかで競争をしているだけでは駄目《だめ》でしょう。やはり、外との競争があるので、同業他社がつくっている商品なり、サービスなり、いろいろなものとの比較《ひかく》で、「わが社はどうあるべきか」と考えることも必要です。こうしたことをしなければ、内部での権限争いだけになる場合があります。

要するに、「お客様の気持ちをつかむこと」と、「同業他社との競争に堪《た》える考え方を打ち出していくこと」が、非常に大事なのです。

現代のリーダーは「大勢の人の心をつかむ力がある人」

現代の権力者というのは、社会的地位がある人ではありません。「大勢の人の心をつかむ力がある人」のことをいいます。それが現代のリーダーです。「リーダー」と呼ばれる人はいろいろなところにいるのですが、実際は大勢の人の心をつかむことができて、その人たちを動かせる人たちであるわけです。

そのようなリーダーは、意外に、評論家にいたり、マスコミにいたりすることもあれば、ほかのさまざまな分野にいることもあるでしょう。政治家もそうかもしれません。大勢の人の心をつかみ、引っ張っていけたら、その人が本当のリーダーなのです。

そういう意味で、「人の心をつかむ」ということは非常に大事なことでしょう。社長においてもそうですし、その下の役員や部長等もそうでしょうが、「顧客の心をつかむ」ということは、とても大切です。ただ、個人の心であれば分かっても、大勢の人の心になると、なかなか難しい面はあると思います。

とにかく、大事なことは、「大勢の人の心をつかんで、その方向に導いていく」ということです。大勢の人の心がつかめたら、未来が見えます。そうした努力をしていかなければなりません。

〈経営リーダーの要諦④〉

大事なことは、

「大勢の人の心をつかんで、その方向に導いていく」

ということです。

大勢の人の心がつかめたら、未来が見えます。

5　経営者の「家庭問題」をどう考えるか

経営者にとって逃《のが》れることのできない「家庭問題」

さらに、「経営とは、実に厳しいもの。」という観点からもう一点、述べるとすれば、事業経営者には「家庭の問題」があります。これがまた非常に厳しいところでしょう。

一般《いっぱん》的に、「家庭の平和」ということだけを考えれば、夫がそれほど出世しないほうが、家庭は楽なことは楽なのです。

ところが、出世していくと、仕事は厳しくなり、プレッシャーがかかってきて、ハードであるし、責任が発生します。そして、奥《おく》さんが慰《なぐさ》めることができないようなレベルにまで仕事の難しさが上がっていくわけです。こうした家庭問題も、逃《のが》れることができない問題の一つだと思います。

例えば、最初は小さな事業で奥さんと一緒《いっしょ》にやっていたとしても、事業が大きくなってきたら、そうはいかなくなるでしょう。前述した、奥さんが経理部長をしているケースでも、次第《しだい》にできなくなってくることがあるのです。

あるいは、子供ができることで、そこにエネルギーを取られてしまって、奥さんが戦力から離脱《りだつ》する場合もあります。そこから夫の孤独《こどく》が始まるわけです。

それでも、夫としては、事業が成功して、どんどん大きくなって収入が増えれば、家族は喜んでくれるものだと思ってしまうのです。

あるいは、会社に勤めている人であっても、出世して、課長になり、部長になり、役員になったりすれば、自分の成功ではあるけれども、同時に家族も自動的に喜んでくれるものだと思ってしまうでしょう。本人は、「家族は、『お父さんが課長から部長になった』と言って、喜んでくれるものだ」と信じて働いているわけです。

要するに、夫のほうは、「給料も上がっているし、社会的な地位も上がったのだから、家族がうれしくないわけがない。自分の出世につながる仕事が、家族の幸福とイコールである」と考えがちなのです。

ところが、ここで〝逆襲《ぎゃくしゅう》〟が起きます。なぜなら、奥さんの側の言い分としては、〝さみしい〟からです。

最初は夫のことがよく分かっていたのに、夫がだんだん出世して、成功していくと、自分からどんどん離《はな》れていく感じがします。そうなると、夫のことが分からなくなって、さみしいわけです。

結局、夫は仕事での出世を求めて頑張《がんば》っているのだけれども、夫婦《ふうふ》間の話が合わなくなっていき、距離《きょり》ができてきて、それが離婚《りこん》の原因になることも多々あるのです。

離婚《りこん》の危機は、子供が小学校に上がるころにやってくる

一方、夫のほうは仕事が厳しくなってくるので、その負担に耐《た》えられなくなってきます。

そして、ストレスがたまってくるのですが、奥さんのほうが子育て等で忙《いそが》しいと、家庭のなかは、なかなか安らぎ場にはなりません。奥さんは子供のほうに手をかけているので、昔ほど夫に対してはサービスをしてくれなくなり、ほったらかしになるわけです。

そうなると、夫のほうは、「こんなに一生懸命《いっしょうけんめい》、頑張って、出世街道を歩み、給料も上がっているはずなのに、奥さんは喜んでくれないような気がする。自分へのサービスが低下している」と思って、面白《おもしろ》くないでしょう。こういうことか

ら、外でいろいろと遊び始めたりする人も出てくるわけです。

もちろん、それには、「ストレスの解消」という面もあるかもしれません。あまりのストレスに耐えられないと、息抜《いきぬ》きも必要なので、遊ぶこともあるとは思います。

ただ、それがよい場合もあるのです。外でストレスを抜いてくれると、家に持ち込《こ》まれなくてよい面もあるわけで、もし、夫の仕事上の全部のストレスがまともに家に来たら、子育てをしている奥さんのほうは、非常にきついでしょう。

そういう意味では、痛し痒《かゆ》しで、何とも言えないところがあるかもしれません。

いずれにせよ、奥さんは、だいたい子供にかまけて、亭主《ていしゅ》の面倒《めんどう》は昔ほど見なくなるので、夫は外でいろいろと遊ぶわけです。

例えば、クラブやキャバレーのようなところで、「お酒」も含《ふく》めて遊ぶ場合もありますし、そうでなければ、適当な異性が現れてきて、色恋沙汰《いろこいざた》が起きることも多々あります。

ちなみに、最初はわりに子供が小さいときに起きやすく、子供がだいたい小学校に上がるころに離婚《りこん》するケースが増えているようです。

そういう意味では、気をつけなければいけません。奥さんのほうは、子供が小さいときはどうしようもないから、何年かは我慢《がまん》していても、子供が小学校へ上がると、手がかからなくなり、働きに出られるわけです。それで、「私だけでも子供を育てられるわ。だから、こんな男とは離縁《りえん》だわ」ということで、バッサリと離婚になるケースはよくあるのです。

しかし、客観的に見るかぎり、子供にとっては経済的な基盤《きばん》が要《い》りますし、父親がいちばん必要なときでもあるでしょう。女性の多くが、そういうときに離婚するのは非常に残念です。

ただ、お互《たが》いの心が通わなくなるのでしょう。「片方は仕事に埋没《まいぼつ》し、片方は家庭に埋没する」ということで、意見が合わなくなり、すり合わせができなくなってくるわけです。

とにかく、奥さんのほうは二、三年我慢を重ねて、離婚するというかたちになるのですが、子供にとっては、父親がいちばん必要な時期に離婚してしまうということになります。

ところが、夫のほうは妻への愛がなくなったわけでも、子供がかわいくなくなったわけでもありません。「仕事のほうで一生懸命やって、成果をあげ、給料を上げて、出世することが家族の幸福になる」と単純に信じている人がほとんどなのです。

それにもかかわらず、あまりのストレスのために、たまに金曜日とかにお酒を飲んで、ワイシャツに口紅がちょっと付いて帰ったぐらいで、妻がギャアギャアと言い出すようになります。

そうなると、夫としては、「うちの家内《かない》はこんなに心が狭《せま》かったのか」と感じ、「俺《おれ》がどれだけ大変な思いをして、家族のために頑張っているのか分からないのか。この口紅自体は、ほんのちょっと一、二時間ぐらい気休めで飲んで遊んだときに付いただけじゃないか。こんなことでギャアギャア言うのか」というようなことを妻に言うわけです。

すると、今度は奥さんのほうが、「私が育児でこんなに大変なのに、あなたは『会社、会社、会社、会社』で、全然聞く耳も持たないのに何ですか。私への愛がなくなったのね。本当に父親失格だわ！」と言い返します。

そうやって喧嘩《けんか》になり、お互いの溝《みぞ》が深まって、離婚するケースが多いのです。

夫の出世を喜ばない妻の本音《ほんね》とは

それともう一つ、「男女平等」ということもあって、夫のほうだけが出世できるルートを持っていると、奥さんが嫉妬《しっと》するわけです。要するに、主婦はずっと主婦のままで、出世がないように見えるのでしょう。

「夫のほうはいいわよね。係長や主任になったり、課長になったり、部長になったり、重役になったりして、『社長を狙《ねら》うぞ』なんて言っていて。それは結構なことですね」などと思っているのかもしれません。

確かに、妻のほうは、いつまでたっても主婦であり、出世感覚といっても、子供の学年が上がるぐらいで、ほかにはないので、面白くないと思います。

夫が、「夫婦だからそんなことはないだろう」と思っても、やはり競争関係は一部あって、奥さんのほうが嫉妬することもあるのです。

特に、最初のうちは、夫婦もだいたい対等にやっているので、夫のほうは、「自分が仕事で社会的に認められるようになると、普通《ふつう》は妻も喜ぶはずだ」と自動的に思うでしょう。

ところが、妻のほうは面白くないので喜びません。「これに対しては、どうするべきか」ということを考えない人は、家庭が破滅《はめつ》することになっているわけです。

6　経営と家庭を両立させるには

子供の教育は父親にも責任がある

そこで、離婚《りこん》を避《さ》けるための考え方を幾《いく》つか述べてみたいと思います。

一つは、子供のところですが、「完全にすべて奥《おく》さんの責任下にある」というかたちにしてはいけないということです。

もちろん、父親のほうは、子供の面倒《めんどう》を見る時間に限りがありますし、疲《つか》れてもいますから、そんなにできないことは事実でしょう。しかし、「子供の教育に関しては、父親も一枚噛《か》む」ということが大事です。夜であろうと、朝であろうと、休日であろうと、いつでも構いませんが、一枚加わらなければいけません。

これをせずに、完全に、「子供は奥さん。俺《おれ》は仕事」というかたちにした場合は、家族の亀裂《きれつ》が非常に深刻になります。

やはり、「男のほうにも子供の教育についての責任は一部ある。共同責任があるのだ」というふうに理解したほうがよいでしょう。努力して、子供の教育に一枚加わることが大切です。「夫婦《ふうふ》して、共同で子供を育てているのだ」「教育については共同責任があるのだ」と思うことが、夫婦の決定的な亀裂を避ける一つの方法なのです。

それに、「奥さんだけに教育の責任があって、夫は仕事だけ」ということになると、夫のほうは教育について責めると思います。奥さんに対して、「おまえの教育が悪い」と言うのではないでしょうか。それで、奥さんのほうは、「あなたが家庭を蔑《ないがし》ろにしているから、こんなことになったのよ」と言って、お互《たが》い喧《けん》嘩《か》になるわけです。

しかし、「子供の教育は夫婦の共同責任」ということになれば、事情が変わってきます。子供に手がかかったために、奥さんが旦那《だんな》さんの世話をあまりしなくなるのは事実だとしても、その不満は少し吸収されるのです。

要するに、「奥さんが子供の世話をする」ということに対して、共同責任で夫がその一部にかかわることにより、奥さんが子供の世話にエネルギーがかかることを理解するようになります。そして、自分も責任の一端《いったん》を担《にな》っていると思うから、それについての不満が言いにくくなるわけです。自分が、「子供の世話を一切《いっさい》しない」ということになれば不満は言えるでしょうが、自分に一部でも責任があるのなら、「これは大変なんだな」ということが分かります。

したがって、「奥さんが子供にかまけて自分の世話をしてくれないから、外へ行って浮気《うわき》をしたんだ。何が悪い」と開き直るのがほとんどかもしれませんが、子供についての責任を、夫が少し持つことによって、抗弁《こうべん》の一部が崩《くず》れるわけです。

父親の教育はあらゆる階層の子供にプラスをもたらす

また、はっきり言えば、子供というのは、奪《うば》って、奪って、奪い尽《つ》くすものです。もらうだけであり、親や、おじいさん、おばあさんも含《ふく》めて、周りからとにかく奪います。お金も、時間も、食べ物も、着る物も、何もかも欲《ほ》しい存在なのです。吸い込《こ》んで、吸い込んで、吸い込んで、吸い込んで、どんどん消えていきます。何も生産しないで吸い込んでいくのです。

つまり、奥さんのほうは、この〝吸い込み〟のすごさを実感しているのですが、仕事ばかりやっている夫のほうは、ほとんど知りません。それにもかかわらず、夫のほうは、「このくらいの単純な仕事なら、誰《だれ》でもやれることじゃないか」と思っているため、奥さんへの理解が足りなくなるのです。

やはり、夫が子供の世話に一部でも加わってあげることは大事なことですから、夫婦で当会の信者になっている人は、そのように理解をしてください。

おそらく、全面的にとはいかないにしても、夫は子供の世話に一部は加わるべきだということです。

ちなみに、ある統計によれば、「父親が子供の教育に加わることによって、あらゆる階層の子供の知能指数（ＩＱ）が平均して六ポイント上がる」という興味深い結果が出ています。

知識階級や所得が高い階級、さらには、中流階級から下層階級まで、いろいろな階層がありますが、「あらゆる階層の家庭で、父親が教育にかかわると、子供の知能指数が上がる」という結果が出ているのです。

子供によっては、「うちのお父さんは全然勉強できないよ。日雇《ひやと》い労働者だし」という感じで言う場合もあるかもしれません。しかし、そのような父親でも、子供の教育に一部かかわると、教育上はプラスの効果が出るらしいのです。

これは、おそらく、子供にとって違《ちが》った種類の刺激《しげき》が入るからだと思います。また、男親の場合は仕事に関心があるので、そういう意味での成果等を求めるのではないでしょうか。ともかく、何か違った刺激が子供に入るのだと思います。そのように、「子供の教育にとってはプラスが出る」ということを知っておいてください。

夫の地位が上がったら、妻に対しても相応の扱《あつか》いをする

いずれにせよ、仕事にかまける男性は、奥さんの側の嫉妬心《しっとしん》もあるのだということを、よく知っておいたほうがいいと思います。「自分が出世したら、奥さんは喜ぶ」と思っているのは甘《あま》くて、奥さんは、「置き去りにされていくさみしさ」というものを感じているのです。

したがって、先ほど述べたように、夫は子供の教育に一部加わると同時に、も

う一つは、奥さんにも、自分の出世相応の立場を与《あた》えたり、扱《あつか》いをしてあげたりするように努力すべきでしょう。

もし、夫であるあなたが大会社の部長になったとしたら、奥さんだって部長夫人なのです。やはり、部長夫人として、きちんと扱ってあげる必要があります。「おまえは関係ない」というのは間違いで、それをやったら、「離婚への道」です。

そういう意味で、夫であるあなたが部長になったとしたら、「奥さんも頑張《がんば》ってくれた。内助《ないじょ》の功《こう》もあった」と考えたほうがよいと思います。夫婦《ふうふ》がバランスを取って出世していくことが大事なのです。

例えば、会社の部長になると、部下がときどき家に遊びに来たりすると思います。それで、部下に食事を出すときなどは、奥さんが活躍《かつやく》することもあるでしょう。そのように、部長夫人は部長夫人としての扱いをしてあげるわけです。

やはり、役員夫人なら役員夫人、社長夫人なら社長夫人として、「あなたの地位も上がった」という取り扱いをしてあげることは大事です。夫が、「自分だけは社長まで上がりました。奥さんは昔と同じ家政婦です」という感じでは、絶対にうまくいくはずがありません。

夫が、「奥さんは家政婦だ。新婚のときから家事労働者だから、おまえの価値は二十万円から一円も上がっていないのだ。家政婦を雇うよりは安いから得をしているが、それだけだ。一方、俺は、どんどんどんどん地位が上がって社長にまでなった」と思っていたら、夫婦関係にバランスが取れるはずはなく、絶対におかしくなります。

したがって、奥さんも、夫に合わせた立場にしてあげなければいけないし、そういう教育も必要です。いろいろな見識や知識を持つような教育が要《い》りますし、人間関係においても、それだけの立場に上げていく必要があるわけです。夫婦がバランスを取って立場が上がっていくようにしなければ、必ず問題が起きると思います。

そういう意味で、「夫が子供の教育に一枚嚙《か》む」ことと、「『夫婦はバランスを持って出世していかなくてはいけないもの』と思って、夫の立場が上がったら妻のほうもそれだけの扱いをしてあげる」ということが大事です。

やはり、部長夫人なら部長夫人としての自覚を持って、それなりのことをするでしょうし、教授夫人なら教授夫人としての立場があるでしょう。それをおかしいことと思わずに、正当に認めてあげてください。

「人間関係」などを見抜《みぬ》く「奥《おく》さんの直感」は、参謀《さんぼう》の役割を果たす

もちろん、部下は、そうしたことについて、いろいろ悪口を言うかもしれません。

例えば、休日に部下を呼んで、ご飯《はん》を出した際、部長夫人として偉《えら》そうに言っ

〈経営リーダーの要諦⑤〉

「夫が子供の教育に一枚嚙《か》む」ことと、『夫婦《ふうふ》はバランスを持って出世していかなくてはいけないもの』と思って、夫の立場が上がったら妻のほうもそれだけの扱《あつか》いをしてあげる」ということが大事です。

たとしましょう。すると、下の人たちは、「なんだ、あの奥《おく》さんは。自分が仕事をして部長になったわけでもないのに、ずいぶん偉そうに言うではないか」というようなことを言いがちではあるのです。ただ、そういう発言は無視してください。そんなことを聴《き》いてはいけません。それは悔《くや》し紛《まぎ》れで言っているだけのことであって、現実は、そういうものなのです。

それから、奥さんが、部下のことを、「あの主任さんはどうも人相《にんそう》が悪いわ。何か反乱の相があるような気がするから、あなた、そのうち、あの人に失敗させられておかしくなるんじゃないの?」というように言うことがあるのですが、そういう「奥さんの直感」というのは実によく当たります。

要するに、そのあたりの人間関係についての直感は当たるのです。「この人はおかしい」「あまりよくないんじゃないか」といったことを言われて、ご主人のほうは、「おまえになんか分からないのに、何を言うか」と思うでしょう。ところが、奥さんには分かるようで、人間関係等に関する直感はかなり当たるわけです。

例えば、ご主人のほうは仕事で騙《だま》されることがあっても、奥さんのほうは騙されません。なぜなら、奥さんのほうは、家庭に不利になるようなことや、夫の将来にとって不利になるようなことについては、その微妙《びみょう》なところを〝感じる〟からです。不思議ではありますが、これは、ほとんど「霊能者《れいのうしゃ》」でしょう。たいてい、そう感じるもののようなので無視してはいけないのです。

したがって、奥さんが言っている意見はよく聴いてください。

やはり、「参謀《さんぼう》」の一人でもあるわけです。そういう意味では、奥さんに成長してもらうと同時に、その立場を尊重することです。部下たちは、奥さんのことを、「亭主《ていしゅ》が部長になったからって、威張《いば》ってる」とか、「役員になったからって、威張ってる」とか、いろいろ言うかもしれません。しかし、それはまだ人生の全《ぜん》般《ぱん》が分かっていないために言っているだけなのです。そんなことは気にせずに、奥さんを尊重して扱ってください。

もちろん、奥さんとしても出すぎたことを言ってはいけないわけで、専門知識を持っていないことに口を出したりするのは問題でしょう。そこまでやるのはやりすぎであって、いけないとは思います。

ただ、「人間関係はどうか」とか、「仕事のやりすぎではないか。疲れがたまっているんじゃないか」とか、そういう全般的な感覚については、ある程度当たっているものが多いので、理解してあげたほうがよいのではないでしょうか。

ともかく、「教育に一枚噛むこと」と、「『奥さんにもそれ相応の地位、待遇《たいぐう》はあってしかるべきなのだ。これはおかしいことではないのだ』と理解すること」が大切です。

法則的に三カ点ぐらいある「離婚《りこん》しやすい時期」

離婚《りこん》についても、最初は、「子供が小さくて大変なために、夫婦の心が離《はな》れていって離婚する」というケースがありますけれども、その次は、夫が四十代ぐらいになって、課長や部長、あるいは、中堅《ちゅうけん》から少し上へ上がっていこうとするあたりです。そのときに、夫婦間のギャップが出ます。要するに、男のほうの立場が上がったりしたところで齟齬《そご》が起きるからです。このあたりの調整は非常に難しいものの、それに取り組んでください。

それから、最後には、定年退職後の離婚があります。「空《から》の巣症候群《すしょうこうぐん》」などともいいますが、子供たちが独立して出ていって誰もいなくなってしまい、さらに、会社の仕事もなくなって、夫婦だけになった場合、それが嫌《いや》で離婚になったりすることもあるわけです。そのように、定年後の問題が離婚にまでつながることはあります。つまり、「会社で仕事ばかりやっていた人が定年後に〝粗《そ》大《だい》ゴミ〟と化し、もう子供もいないので夫婦が一緒《いっしょ》にいる必要もないということで、離婚になる」というケースも増えているのです。

ともかく、「結婚初期で、子供が小学校へ上がるぐらいまでの問題」と、「夫が管理職になるころの問題」、さらには、「定年退職のときの問題」、この三カ点ぐらいで離婚しやすい状況《じょうきょう》が出てきます。これは法則的に出てきやすいので、ここについては心を配ってください。やはり、人間としての実力が必要です。

経営者に求められる「人間力」とは

確かに、経営は非常に大変で、死に物狂《ものぐる》いではありましょう。ところが、会社だけを一生懸命《いっしょうけんめい》にやっていたところ、家庭がおかしくなることはあるのです。妻の心は離れ、妻が子供を殴《なぐ》ったり、蹴《け》ったり、いじめたりして虐待《ぎゃくたい》し、子供は非行に走るかもしれません。そして、妻とは離婚になったり、裁判が始まったりと、大騒動《おおそうどう》が起きたら、経営能力は落ちてきます。

心労《しんろう》すれば、それは当然でしょう。プライベートで苦しむと、経営能力はどんどん落ちてくるのです。「家庭なんか関係ない。経営は経営だ」と思っていても、家庭のほうが落ち込んでくると、経営者の判断は間違いなく狂ってきます。

やはり、人間が正しい判断をするには、心境の安定が必要なのです。しかし、これがグラグラすると、経営のほうは完璧《かんぺき》に落ちてきます。心労があると、判断の際に間違いが続出し始めるのです。

そういう意味では、「家庭の部分」が安定していることは、よい仕事をするために非常に大事であり、これも「経営の下部」部分、「下支え」なのだと思わなくてはいけません。

毎日毎日、奥さんとの喧嘩や、子供の騒動が起きるようでは、正しい経営はできないのです。それはおそらく、仕事上のストレスが家族にまで及《およ》んでいて、耐《た》え切れなくなっていると思われるので、その点について、何らかの調整が必要でしょう。無理をしているのであれば、その調整が必要になります。

実際、「会社は大きくなりました。しかし、家族はバラバラになりました」ということで、晩年になってから、「何のために俺は働いてきたんだろう」と感じるような人は非常に多いわけです。

特に中小企業《きぎょう》であれば、後継者《こうけいしゃ》養成の問題もあるため、家族のほうが目茶苦茶《めちゃくちゃ》になると、結局、後継者がいなくなってしまうかもしれません。「一生懸命にやって社業は伸《の》ばしたけれども、結局、一代で潰《つぶ》れる」というケースは、よくあるのです。

やはり、「家庭を奥さん任せや家政婦任せにした場合、後継者のところで問題が起きてきて、会社が潰れる」ということはあります。ただ、「一生懸命にやって、結局、最後は潰れる」となると、まるでバブルの破裂のようで、「俺の一代は何だったんだ」という感じになって、さみしい晩年になるでしょう。

したがって、経営者として成功するためには、もう一つ、「人間力」も必要なのです。「仕事」で頑張らなくてはいけないのはもちろんですが、その分、「家族」も護《まも》らなければいけません。そういう力が要ります。

そういう意味で、能力的には二倍ぐらいが必要になるわけです。そのくらい必要だと思わないと無理であり、両立しません。「両方をやっていくだけの力が要るのだ」ということを、あらかじめ頭で計算しておくべきです。

7　経営者における「厳しさ」と「優《やさ》しさ」

経営者の「四つのタイプ」の問題点

いずれにせよ、経営者とは非常に難しいものでしょう。本当に難しいと思います。

①自分に甘《あま》く、他人《ひと》に甘い

もし、経営者が自分に甘《あま》く、従業員に甘いような人であれば、放漫《ほうまん》経営で倒産《とうさん》するはずです。これは間違《まちが》いありません。「自分に甘く、他人《ひと》に甘い人」であれば、完璧《かんぺき》に倒産します。

②自分に甘く、他人に厳しい

それでは、「自分に甘く、他人に厳しい人」であれば、どうでしょうか。この場合、倒産はしないでしょうが、「あの人は人格が悪い」とか、「徳がない」とか、さんざん悪口を言われ、「社徳《しゃとく》がない」というかたちになって、従業員の不満がたまります。そのように、自分に甘く、従業員に厳しいだけである場合、会社の発展にプラスにならないか、評判が下がってくるようなことが起きるわけです。

③自分に厳しく、他人に甘い

ならば、経営者が「自分に厳しく、従業員に優《やさ》しい」と、どうなるでしょうか。仏法真理《ぶっぽうしんり》的には、これでよいという気はしますが、この場合は、経営者が過労死するのです。「トップ一人の仕事」というのは、そのとおりなのですけれども、自分に厳しくとはいえ、トップだけが働いて、従業員がゆっくり休んでいるような状態をつくると、過労死することになります。たいてい四十代から五十代の前半ぐらいで死ぬことになるでしょう。

これも、ある意味では、無責任な仕事であると言えます。要するに、従業員はゆっくりできたとしても、自分一人で仕事をして、それで死んだ場合、結局は倒産して、最後は、誰《だれ》もが非常に厳しい目に遭《あ》うわけです。そのように、「自分に厳しく、従業員に甘い」と、過労死というかたちになります。

④自分に厳しく、他人に厳しい

それから、「自分に厳しく、従業員にも厳しい」場合は、組織としてはしっかりして、業容《ぎょうよう》は順調に拡大するかもしれません。

ただ、このときの問題は、前述したように、家庭が破滅《はめつ》することが多いということです。自分に厳しく、従業員にも厳しい場合には、家庭が破滅することが多いので、ここについての「余力」を残さなければいけません。やはり、厳しいだけであると、家庭にガタが来ることが非常に多いのです。

教育し、しつけて、「自分の分身《ぶんしん》」をつくっていけ

したがって、「厳しめ」であってよいのですが、意欲して人を教育し、「自分の分身《ぶんしん》」をつくっていかなければならないでしょう。

財務や人事、総務、営業、製造など、いろいろなところに、それぞれの部門の長《ちょう》がいると思います。彼らを、「自分の分身」としての役割を持ってくれるように教育し、しつけて、自分の代わりにやってくれるように育てていかなくてはいけません。教育して、人を育てて、「自分の分身」としてやっていける部分をつくらなかった場合には、いずれ、組織の未来に悲劇が訪《おとず》れるでしょう。

そういう意味で、過労死したり、家庭が目茶苦茶《めちゃくちゃ》になったりしないようにするためには、自分の片腕《かたうで》となって働いてくれる幹部の養成が必要なのです。

厳しくなくてはいけないものの、きちんと後継《あとつ》ぎとして任せられる人を育てなければ、自分自身の心の余裕《よゆう》も、家庭のほうの余裕も生まれません。全部を一人でやった場合、やがて過労死するという結論になることが多いわけです。

やはり、教育して、育てるだけの心の余力が必要でしょう。そして、任せられる範囲《はんい》内で任せていきつつも、甘やかしはしないということです。甘やかして、放漫《ほうまん》経営されないように、しっかりと求心力《きゅうしんりょく》を持たなければいけません。そういうことが、経営者には求められるのではないかと思います。

「経営とは、実に厳しいもの。」というテーマで述べました。何らかの参考になれば幸いです。

第2章　リーダーの器《うつわ》

――人の上に立つ者の「三つの条件」

二〇〇七年十二月十一日　説法《せっぽう》

東京都・幸福の科学 東京中央支部にて

1　逃《に》げるなかれ

リーダーたる者は恐怖心《きょうふしん》に負けてはならない

本章では、「リーダーの器《うつわ》」と題し、リーダーに求められる条件について述べていきます。そのなかで、幸福の科学の信者や職員の事例なども挙げながら述べてみたいと思います。

まず一点目は、「とにかく逃《に》げないこと」です。

リーダーが逃げたら、やはり、みな逃げます。そういう人にはついていけません。したがって、リーダーは、とにかく逃げてはいけないのです。

ところが、人間には恐怖心《きょうふしん》があります。未知への恐怖、失敗への恐怖、あるいは「自分を護《まも》りたい」という意味での恐怖等、さまざまな恐怖心があるため、そういうものに負けると、やはり、初めてのことはしたくなくなるし、前例主義に陥《おちい》りがちになるし、「事前に許可がないとできない」というようなことになりやすいわけです。

しかし、それでは、リーダーとしては十分ではないでしょう。

そこで、まずは、「逃げないことが大事だ」と言っておきたいのです。これはあまりにも当たり前すぎることで、私としては、もはや言う気も起きないところではありますが、おそらく、理解していない人が多いでしょうから、あえて述べておきます。逃げないことは、非常に大事なことなのです。

「リーダーとしての責任」を果たした昭和天皇

大きな話をすると、みなさんの意識が遠くなるかもしれませんが、例えば、第二次大戦、太平洋戦争が終わったとき、日本は無条件降伏《こうふく》をしました。

そして、マッカーサーが日本に降り立ち、占領《せんりょう》したわけですが、昭和天皇自《みずか》らがマッカーサーの前に出てきたとき、マッカーサーのほうは、当然、昭和天皇が命乞《いのちご》いをするものだと思っていました。天皇のことを、日本という島国の酋長《しゅうちょう》のようなものだと思っていたのでしょうが、実際には命乞いではなかったのです。

昭和天皇はマッカーサーに、「私の命はどうなってもいいから、国民を助けてやってください」「食糧《しょくりょう》等を、しっかり供給してください」というようなことを言ったのです。死ぬことは覚悟《かくご》の上で、「国民を助けてくれ」と言いに来たわけです。

やはり、これが、一つのリーダーの姿だと思います。

これに比べると、例えば、イラクのサダム・フセインなどは、「アメリカは、来るなら来い。戦ってやる」というようなことを、あれだけ偉《えら》そうに言っておきながら、最後は穴蔵《あなぐら》のなかへ隠《かく》れて逃げていました。あの最後は情けなかったと思います。

あの姿を見た、あるテレビのキャスターも、「何だか、あまりにもオウムの麻《あさ》原彰晃《はらしょうこう》の最後に似すぎている」と言っていました。

あの人も、隠れるための秘密の逃げ場所を、あらかじめつくっておき、そこに何時間も隠れていたところを引きずり出されています。天井《てんじょう》などをトントンと叩《たた》き、「このあたりにいるのではないか」と思ったところが、実は隠れ場所となっていて、そこにいたわけですが、二人ともそっくりでした。

このように、「普段《ふだん》は、戦争を仕掛《しか》けたりして勇《いさ》ましいことを言っておきながら、いざとなったら、自分だけは穴のなかへ隠れてでも逃げる」というような姿を見ると、人々はついていけません。

そういう意味では、昭和天皇は偉かったと思います。もし、あのとき、昭和天皇が命乞いをし、サダム・フセインや麻原のようなスタイルで、どこかに防空壕《ごう》でも掘《ほ》って隠れていたところを引きずり出される姿が見つかり、そのことが広まったりしていたら、国民は天皇制を見限り、その時点で崩壊《ほうかい》していたでしょう。

ですから、敗戦にかかわらず天皇制が崩壊しなかったのは、天皇陛下《へいか》が逃げなかったからだと思うのです。それで、マッカーサーのほうも感動して、「神をそこに見た」というようなことを言っています。「ああ、そういうことだったのか」というような徳を感じたために、天皇制は残ったのでしょう。ですから、「リーダーとしての責任」を果たしていると思います。

また、その昔、青年将校が天皇を担《かつ》いで革命を起こそうとした、「二・二六事件」（一九三六年）が起きたときにも、昭和天皇は、「あれは賊軍《ぞくぐん》である」と断定して、鎮圧《ちんあつ》させています。「自分を立ててくれているから」というような言い訳をして逃げたりせず、「賊軍」と、はっきりと認定して鎮圧させているわけです。

したがって、逃げてはいません。「天皇はお飾《かざ》り」などと言われていても、「責任を取るのにやぶさかではない」「取るべきときには責任を取る」という態度を取ったわけです。だから、今、国が残っているし、制度も残っているのだと思います。

「逃《に》げずに戦った東郷平八郎《とうごうへいはちろう》」と「逃げ続けた山本五十六《やまもといそろく》」

数十年前の話としては、そういうこともありますし、もう一昔前まで行くと、ロシアと日本が戦った「日本海海戦」（一九〇五年）があります。

これについては、『常勝《じょうしょう》の法』（幸福の科学出版刊）等でも書いていたと思いますが、●東郷平八郎《とうごうへいはちろう》は、「世界最強、無敵の艦隊《かんたい》」と言われたロシアのバルチック艦隊と戦ったとき、ロシアの艦隊が縦に進んでいるところを、目の前で横に回転してみせました。これは、「T字型《ティー》」「丁字型《ていじ》」と言われたり、ロシア側は「アル

●**東郷平八郎**（1847～1934）　明治の海軍大将、元帥。薩摩藩士。維新後、イギリスに留学。日露戦争で連合艦隊司令長官として日本海海戦を指揮し、「T字戦法」でロシアのバルチック艦隊を破り日本を勝利に導いた。

ファ（α）運動をした」と捉《とら》えたりもしているようですけれども、向こうが縦に来ているところを、〝横っ腹〟を見せてUターンしたわけです。

なぜかというと、横のほうが砲門《ほうもん》の数が多いからです。前からだと前門でしか撃《う》てないけれども、横にすることで両方から撃つことができ、攻撃《こうげき》量が増えるため、あえてリスクを冒《おか》して、横っ腹を見せて回転し、戦ったわけです。この戦法で勝ったのは、史上初めてのことでした。

そういう戦い方をして、バルチック艦隊を撃滅《げきめつ》してしまいましたけれども、そのときの司令官が東郷平八郎です。

彼は、そのとき旗艦《きかん》三笠《みかさ》の艦橋《かんきょう》に立っていたはずですけれども、司令官が、いちばんの主力艦の艦橋にいるのは敵に分かりますし、船のなかではいちばん弾《たま》が当たるところなのです。そうしたところに、東郷平八郎は、五時間以上立ちっぱなしだったと言われています。ガラスなどもすべて割れて飛び散り、水浸《みずびた》しで、砲弾の破片《はへん》から何からたくさん落ちていたのでしょうが、「東郷は五時間以上、微動《びどう》だにせずにいた。彼が立っていたところには足の跡《あと》だけが残っていた」と言われています。

この人も、逃げなかった人です。

「敵前で、戦艦の横っ腹を見せて戦う」という戦法をとったときに、自分がいちばんの標的になるところにいるにもかかわらず、トップとして逃げませんでした。そういう経験をしています。

これに対するコメントとして、渡部昇一《わたなべしょういち》さんなどは、太平洋戦争のときの山本《やまもと》五十六《いそろく》（連合艦隊司令長官）を引き合いに出し、「山本五十六は逃げた」という言い方をしていました。旗艦である戦艦大和《やまと》が、いざというときに、いつもいなかったわけです。

世界最強の戦艦である大和が、たいていの場合、戦場に行っていないし、ハワ

●山本五十六（1884～1943）　海軍大将、元帥。連合艦隊司令長官として真珠湾攻撃、ミッドウェー海戦を指揮した。ソロモン諸島上空で戦死。

イのパールハーバーに奇襲《きしゅう》攻撃をかけたときも、確か、山本五十六は広島にいたはずなので、「奇襲成功せり」という打電を、そこで受けていると思います。また、ミッドウェー海戦という、日米の勝敗を決する海戦があったときにも、戦艦大和は突《つ》っ込《こ》んでいきませんでした。いつも、何百キロも後ろからのろのろとついていき、身の安全を図《はか》っていたのです。

トップがそのようでは、やはり勝てません。もちろん、国力としての差は、ロシアとのときもアメリカとのときも、十対一ぐらいありましたから、普通にやれば負ける戦いでしたけれども、戦いには、いつも天王山《てんのうざん》というものがあるので、ここ一番の大きな戦いに勝ったときには、流れが変わることはあるのです。

先の大戦のときで言えば、ミッドウェー海戦がまさにそうです。その前までは、海軍力は日本のほうが上だったので、アメリカは「負ける」と思っていました。

そうしたときに、やはり、大将自ら〝突っ込んで〟いく気持ちがあれば勝てたのですが、自分たちの戦力を温存《おんぞん》して小出しにしていたわけです。そして、最後に主力艦は大和一つになり、ろくに護衛もなしに、片道燃料で沖縄《おきなわ》へ向かっていったような状態で、その途中《とちゅう》で沈《しず》められてしまいました。「戦力の逐次《ちくじ》投入」という、いちばんしてはいけないと言われていることをしたわけです。

「背水《はいすい》の陣《じん》」で戦った韓信《かんしん》やシーザー

それから、もっと古い話をすれば、韓信《かんしん》●の「背水《はいすい》の陣《じん》」という有名なものがあります。

兵法では、「後ろに川や水があるところに陣を敷《し》くと死地《しち》になる」と言われています。「死地」というのは、「死ぬ土地」という意味です。

つまり、敵に攻《せ》めてこられたら逃げられないし、逃げたとしても後ろは水で、

●**韓信**（紀元前３世紀〜同196）　陳勝《ちんしょう》・呉広《ごこう》の乱のころに項羽軍に仕えたが、重用されずに出奔。劉邦軍に入ってからは蕭何《しょうか》に見いだされ、大将軍となる。以後、無敵の強さを発揮し、国士無双と称えられた。

みな溺《おぼ》れ死ぬので、そこに陣を敷くことは負けを意味するというのが、それまでの兵法だったのですが、韓信は、あえて川の前に陣を敷きました。

これは、「逃げ場はないぞ」という意味です。「もはや前進しかない。戦って勝つ以外に、あなたがたの生き残る道はない。戦力は敵のほうが何倍もある。勝つには、もう、突っ込むしかないぞ」ということで、兵士たちを奮《ふる》い立たせるために「背水の陣」を敷いたわけです。

そんなことは歴史上初めてのことだったので、敵のほうは、「本当に兵法を知らんやつだ。川の前に陣を敷いた。『背水の陣』なんて見たことがない」と言って笑いました。しかし、韓信は、「背水の陣」を敷いて戦い、敵を撃滅して勝っているのです。そういうところが違《ちが》うところなのでしょう。

シーザー●も、「賽《さい》は投げられた」と言って、ルビコン川を渡《わた》りました。

やはり、トップが逃げた場合には、勝ち目はほとんどありません。

●ジュリアス・シーザー（ユリウス・カエサル）（紀元前100～同44）　古代ローマの将軍、政治家、文人。ガリア平定後、終身独裁官となる。「賽は投げられた」は、ローマ内戦でポンペイウスと争った際、シーザーが軍隊を率いてルビコン川を渡るときに言った言葉。

もちろん、「逃げるふりをして相手を誘《さそ》い込み、やっつける」というような計略もあるので、そういう臨機応変な態度がある場合もありますが、基本的に、リーダーたらんとする者はもちろん、幸福の科学の総裁から支部長、あるいは女性部長、地区長に至るまで、「逃げたらいかん」ということです。「逃げるなかれ」ということは、肝《きも》に銘《めい》じておいてください。

逃げるリーダーの下《もと》では、人は本気になってやりません。これは知っておいてください。これは、会社の社長の下でも同じです。この点を言っておきたいと思います。

「三十六計逃《に》げるが勝ち」の傾向《けいこう》が強い〝小秀才《こしゅうさい》〟

なかでも、小秀才《こしゅうさい》、生半可《なまはんか》な秀才は、逃げるのが特にうまいのです。ですから、見ていて腹が立ちます。本物の大秀才は逃げませんが、〝小秀才〟が逃げるのです。なまじ頭がいいので、計算をして、「あ、危ない」と思ったら、パッと逃げます。そのように、少し頭のいいような人が逃げるわけです。

ところが、本当の秀才になってくると、今度は逃げなくなってきます。それはなぜかというと、「大局観」というものが出てくるからです。もっともっと大局観が出てくるので逃げなくなるのですが、生半可な秀才だと、自分は頭がよいと思って、「三十六計逃げるが勝ち」で、すぐに逃げます。

そういう小秀才は駄目《だめ》です。秀才になるなら、徹底《てってい》的に行かなければなりません。小秀才になるぐらいなら、〝ぼんくら〟の営業員のほうがましです。それで、「ただただ行動あるのみ」といったほうが、リーダーとしては上になります。

ですから、どうか、そういう人にはならないでほしいと思います。これが第一点です。

これは、世の経営者だけではなく、幸福の科学の全国の支部の会員、支部長、地方本部長、館長、精舎《しょうじゃ》職員、総合本部職員全員に対するメッセージの第一号です。

2　責任回避《かいひ》するなかれ

日本国中に蔓延《まんえん》している「責任回避する傾向《けいこう》」

二番目に言っておかなければいけないことは、先ほどの「逃《に》げるな」ということと同じようなことではありますが、「責任回避《かいひ》するなかれ」ということです。

「責任回避する」という思いは、自分の保身のため、自分を護《まも》るためには、どうしても出てくるものですが、やはり、リーダーの資質としては落ちます。

「それは自分の責任ではない」「自分には権限がなかった」「そういう指示は受けていない」「許可をもらっていない」など、いろいろな理屈《りくつ》はたくさんありますが、先ほど述べた「逃げ」とも同じで、責任回避するリーダーの下《もと》にいる人には、熱い熱意が盛り上がってくることはないのです。

したがって、責任回避する傾向《けいこう》が自分のなかにあるとしたら、どうか、心して闘《たたか》い、打ち勝ってください。

これは、すでに日本国中に蔓延《まんえん》しています。教団のなかの話をしているのではありません。日本国中が「責任回避の山」なのです。役所から会社まで、「いかにして責任回避するか」を考えていますし、自衛隊員まで責任回避をします。

「自分の役目はこうであります」と言って、それ以外はしやしないというような自衛隊員の姿を見ると、「負けたらどうするのですか」と思うところがあるのですが、「与《あた》えられている職務はこれだけです」という感じで、それ以外については考えない人は大勢いるわけです。そのため、自衛隊を辞《や》めて会社員になったりしたような人の場合は、「命令されたこと以外はしないので、本当に困る」と、よく言われます。

「責任回避」というのは、自分の身を護るための知恵《ちえ》でもあるのですが、やはり、醜《みにく》いものです。したがって、努力して、責任を取る人間、リスクテイキング（危険を引き受けること）な人間にならなければいけません。

特に、新しい道を開こうとするなら、そうです。

猪《いのしし》武者《むしゃ》であってはいけないし、知恵は必要ですけれども、反省をしてみて、責任回避する癖《くせ》が自分のなかにあるのであれば、これを乗り越《こ》える努力をしてください。

「何か道がないか」を常に考える癖《くせ》をつける

責任回避の典型的な例は、先ほど述べた役人などに見られます。彼らには、「前例主義」とか、「外から、いろいろな圧力をかけられなければ動かない」といった傾向があるでしょう。「前例がないから断る」「政治家など、どこか上から圧力がかかってこなければ、やらない」「マスコミが騒《さわ》がなければ、やろうとしない」「本人ベースでも三回以上は陳情《ちんじょう》に来なければ、相手にしない」などというようなことをたくさんしているわけです。

つまり、「何かをした場合には責任が出るので、しない。しなければ責任を取らなくて済む」という考え方なのです。これは、最も生産性が低い考え方であり、これに勝たなければ、新しい付加価値を生むことはできないし、「自由の下《もと》の発展」ということもありません。

人間も動物の一部として、本能として、そういう面はあるのでしょうけれども、自分にそういう癖《くせ》があるとしたら、どうか、それに打ち勝つ努力をしてください。

そして、責任を回避するのではなく、「何か道がないか」ということを常に考える癖をつけてください。「何か積極的に道を開く方法はないか。何か新しいアイデアで切り抜《ぬ》けられないか」ということを考えてほしいのです。

3　言い訳をするなかれ

非生産的でしかない「言い訳」

さらに、一番目の「逃《に》げるなかれ」、二番目の「責任回避《かいひ》するなかれ」との地《じ》続《つづ》きにはなりますが、三番目には、やはり、「言い訳をするなかれ」ということを言っておきたいと思います。

とにかく言い訳をすることは多いものですが、これは人間の弱さです。もちろん、本書を読んでいるみなさんだけではありません。言い訳、自己弁護というのは、したくなるものなのです。

これは以前にも言ったことがありますけれども、私自身、会社時代に、上司に指摘《してき》されたことがありました。

そのときには、私の味方をしてくれていた先輩《せんぱい》たちも、「あの課長が、あなたを叱《しか》っている内容には目茶苦茶《めちゃくちゃ》なところがあるけれども、一点だけは正しいことを言ったと思うよ。それは、『言い訳をするな』と言ったことだ。あれだけは正しいぞ」ということを言ってくれました。そのことに、自分では気がつかなかったのです。

頭の回転が速かったり、口が立ったりすると、人は言い訳をするのが上手になります。それは、大人でなくて子供でもそうです。小学生ぐらいでも、実にうまく言い訳をします。「なぜできなかったのか」「なぜ宿題をしないのか」「なぜ勉強をサボるのか」「なぜ試験の点が悪かったのか」「なぜ学校でうまくいかないのか」など、その他、言い訳は実に上手です。

中学生になると、さらに巧妙《こうみょう》になり、高校生になると、手に負えない状況《じょうきょう》になります。大学生になると、言い訳すらしないレベルにまで逃げ込《こ》んでいくぐらいになるでしょう。

このように、上手に言い訳をしますけれども、これは、ある意味で、せっかく勉強をして言葉を覚え、知識を覚えたのに、その頭脳のよさや力を非生産的な方向に使っていると言わざるをえないことになるのです。

「成功」は「言い訳をしない人」に味方する

そういう「言い訳の仕事」が増えてくると、一般《いっぱん》の会社では、「〝月給泥棒《どろぼう》〟が増えている」ということと同じになります。しかし、「いかに、できなかったか」ということを理路整然と説明する、あるいは、書類にして、「いかに、それができないか」ということをたくさん上げてくるような〝頭のよい人〟は、大勢いるのです。

その書類を読むと、まことそのとおりのように感じるのですが、それをベリッと破り、「ところで、根本的に考え直したら、こうはならないのかい？」と言うと、「それは考えてもみなかった」というようなことは、いくらでもあるわけです。

ところが、秀才《しゅうさい》は、できない言い訳を整然と考えます。そして、それを論理的に、整然と、「一、二、三、四、五」と番号を打って説明してくるので、聞いているほうは騙《だま》されるのです。

しかし、「言い訳は成功への道ではないのだ」ということを、どうか知ってください。成功は、やはり、「言い訳をしない人」のほうに味方するのです。

言い訳をする事情など、いくらでもあるでしょう。ただ、言い訳をしたい気持ちを押《お》しとどめ、自己責任だと考える人、「それも自分が受けるべき責任であったかな」と思う人がリーダーであるわけです。

当会の活動においても、本当はほかの人の失敗であっても、「これは地区長たる自分の責任である」、あるいは「女性部長たる自分の責任である」「支部長たる自分の責任である」というように受け止める器《うつわ》のある人がリーダーなのです。

ですから、「郵便ポストが赤いのも自分の責任である」と思えなければ、社長などできません。

社員の人数が増えれば、言うことをきかない人はたくさん出てきますし、三十人を超《こ》えたら、だいたい言うことはきかないものです。社長の目を盗《ぬす》んでサボる人、言い訳をする人、責任逃《のが》れをする人など、もうたくさんいて、目が届かなくなります。

そして、それが、五十、百、二百、五百、千人と増えてくると、「どうやって上の人を騙すか」ということで知恵《ちえ》を絞《しぼ》る人がたくさん出てきます。人数が増えれば増えるほど、「どうやって、社長に見つからずに、これをやってのけるか。

逃げるか」というように、マイナスのほうにエネルギーを使い、脳漿《のうしょう》を絞る人たちがいるのです。これを見つけて打ち破るのは、なかなか大変なことでしょう。

しかし、これは、人間の弱さなのです。悪人とは言いません。単に人間として弱く、「自分を護ろうとしている、保身をしている」ということですし、言い訳をすれば、「家族を護ろうとしている、地位と給料を護ろうとしている」ということではあるのです。

ただ、やはり、そういう人はリーダーの器ではありません。

4　勇気を持って、物事を大きく考えよ

リーダーに必要な条件はほかにもたくさんありますが、ここまでに述べてきたように、「逃《に》げない」「責任回避《かいひ》しない」「言い訳をしない」ということは、繰《く》り返し唱《とな》えてほしいと思います。

できれば、どこか目に見えるところに貼《は》っておいてもらえないでしょうか。「逃げない」「責任回避しない」「言い訳をしない」と書かれている紙を貼っておいて、何か言ったら、「はい、どうぞ見てください」と言って、そこを指すというような感じにしたいものです。

こうしたことを言っておかないと、組織が大きくなればなるほど、そのように

なります。

役所などは何万人もいるところが多いですから、ほとんどそういう人の塊《かたまり》になってくるのです。

では、「民間ならよいか」といえば、民間でも、大きくなり、いわゆる大会社に近づいていくと、だんだん役所に似てきて、同じようになってきます。「自分一人でどうなるものでもない」という諦《あきら》めも一方にはあり、自分が何かを提案したからといって通りはしないし、自分が責任を持って何かをすることもできないので、基本的には、「歯車の一つとしての自分を護《まも》る」という方向に動いてしまうため、けっこう駄目《だめ》なのです。

したがって、「大会社から来たから仕事ができる」というようなことは、必ずしもありません。勇気がなく、新しいことを企画《きかく》できない人が大勢います。

それから、学歴が高ければ、頭がよくて仕事ができるかといえば、そうでもないのです。

本章のもとになる説法《せっぽう》を行《おこな》った支部の支部長（説法当時）は、私が通っていた大学の後輩《こうはい》ですけれども、勇気があるほうですから、決して支部長をいじめるために、今、三つの言葉を並べたわけではありません。

かつて、支部長交流会が開かれたときに、彼は勇気を持って総合本部に反旗《はんき》を翻《ひるがえ》し、総合本部が総裁に隠蔽《いんぺい》していることを〝告発《こくはつ》〟してきたのに、まだクビがつながっているのですから、大したものです（会場笑）。「本部は総裁には言っていない。おそらく蓋《ふた》をしているに違《ちが》いない。総裁は知らないだろう」と判断し、支部長交流会が、直接、総裁の耳に入れるチャンスだと考え、質疑応答の時間を通して直訴《じきそ》してきたことがありました。

どうか、小さく固まらず、大きく考えるようにしてください。物事を大きく考えてください。

そして、やはり、リーダーは数多く出てきたほうが、何事も発展します。

先ほども述べたように、「逃げず、責任回避せず、言い訳をしないリーダー」が増えれば、支部も発展しますし、教団だって発展します。この言い訳をしたい気持ちに打ち勝ち、「何とか常に前進しよう」という気持ちを持つことが大事だと思うのです。

〈経営リーダーの要諦⑥〉

〈リーダーに必要な三つの条件〉

一、逃《に》げるなかれ

二、責任回避《かいひ》するなかれ

三、言い訳をするなかれ

第3章　インスピレーション獲得《かくとく》法

――異次元発想で「新しいもの」を創り出せ

二〇一〇年二月十四日　説法《せっぽう》

静岡県《しずおかけん》・幸福の科学　伊豆《いず》支部精舎《しょうじゃ》にて

1　長引く不況《ふきょう》の処方箋《しょほうせん》としての「創造」と「発明」

本章では、私の著書『創造の法』（幸福の科学出版刊）に関係することを述べます。

読者のみなさんの職業や立場はさまざまなので、ある程度、みなさんに共通すること、また、国内だけではなく、外国の方にも何らかの参考になることを語りたいと思っています。

『創造の法』を、なぜ二〇一〇年に出したかというと、日本は、当時も一般《いっぱん》的に「不況《ふきょう》」と言われていたので、「不況から脱出《だっしゅつ》する方法は、もう創造しかあり

『創造の法』
（幸福の科学出版刊）

ません。新しいものをつくってください。とにかく、あらゆる分野において、新しいものに国民全体で取り組んでください」と訴《うった》えるためです。

業種は問いません。あらゆる業種において、「今までになかったものをつくり出そう」と、国民を挙げて取り組んでいく。「今まで、これでうまくいったから」と思い、守っていたようなものを捨てて、新しいものに取り掛《か》かる。

この方針を出し、国全体で頑張《がんば》らなければ、今のような状況からは脱出できません。

不況のときに愚痴《ぐち》を言っているのは最低ですし、不況のときに天からお金が降ってくるのを待っているのも最低です。不況のときには、新しい発明をし、「もの」をつくって戦わなくてはならないのです。

「もの」とは、必ずしも機械などの物品だけではありません。それ以外にも、システムやサービスなど、いろいろなものがたくさんありますが、とにかく新しい発明でもって戦い、新しい気運を盛り上げていくことが大事です。

そういうかたちの「幸福維新《いしん》の志士」もありえます。政治での幸福維新もありますが、そうではなく、「それぞれの持ち場で、新しいことに挑戦《ちょうせん》し、発明・発見をしていく」というかたちでの幸福維新もありうるのです。

今まで、「こんなことは自分にはできない」「今まで、こうやってきたから、ほかのやり方をするべきではない」「こんなことを言ったら、人に笑われる」などと言っていたようなことを、いったん捨て去らなくてはなりません。

今は、そんなことを言っている場合ではなく、とにかく、新しいアイデアが一つでも二つでも湧《わ》いてきたら、チャレンジしていくべきです。

必死になって、いろいろと新しいことにチャレンジしていったら、いつの間にか、不況を通り抜《ぬ》けることができるようになり、新しい時代の地平が見えてくるようになると私は思います。

長引く不況の処方箋《しょほうせん》を出すとしたら、とにかく「発明」です。「発明・発見」を繰《く》り返すことです。とりあえず、国民がそれに向かって頑張り、「新しいもの」をつくり出そうとすることが大事です。

そのために『創造の法』は書かれたのです。

〈経営リーダーの要諦⑦〉

長引く不況《ふきょう》の処方箋《しょほうせん》を出すとしたら、とにかく「発明」です。「発明・発見」を繰《く》り返すことです。とりあえず、国民がそれに向かって頑張《がんば》り、「新しいもの」をつくり出そうとすることが大事です。

2　「霊的《れいてき》なインスピレーション」を受けるには

「これ以外にない」という固定観念を捨てる

「創造の法」の核《かく》になるものが、本章の題名である「インスピレーション獲得《かくとく》法」です。

インスピレーションを「霊感《れいかん》」と訳してもよろしいのですが、問題は、「どうやって、インスピレーション、霊感を獲得するか」ということです。

私自身は、「霊的なインスピレーション」を大量に受けるタイプの者ではありますが、みなさんはなかなかそうはいかないでしょう。「そうはいかない人が、インスピレーションを受けるには、どうしたらよいか」ということを考えなければばならないと思うのです。

それには、まず、固定観念のようなものを捨てなくてはなりません。「これは、こうなのだ。これ以外にないのだ」という考え方を持っていたら、まず、それを捨てるところから始めなければいけないのです。

「うちは、このようにするのだ。こうやるしかないのだ。これ以外にないのだ」と考えているようではいけないわけです。

今は、「老舗《しにせ》」と言われるようなところでも、いろいろと新しいことにチャレンジしています。

老舗の代表として出してよいかどうか知りませんが、「とらや」という羊羹屋《ようかんや》があります。その「とらや」でさえ、今では洋風のお菓子《かし》をたくさんつくり、洋風のカフェも開いています。これは一種のイノベーションだと思います。

また、「和食」と言って、フランス料理のような雰囲気《ふんいき》のものを出すところもありますｌ。これもイノベーションでしょう。

「今までこうだったから、これでずっと行くのだ」という、従来のやり方を死守するだけの考えもありますが、「今は、そういう時期ではない」ということを知ったほうがよいのです。

現在の延長上に未来は拓《ひら》けません。「今までうまくいった」「かつては、こうであった」「前例は、こうであった」「昔は、こう言っていた」と、「このようにしていた」「親の代は、こうであった」というようなことを、打ち破っていかなければ駄目《だめ》なのです。

『創造の法』の「まえがき」には、「昨日《きのう》の成功を今日《きょう》は捨て去り、今日の成功を、明日《あす》は破壊《はかい》し、さらなる創造の新境地を拓く」と書いてありますが、まさしく、そのとおりです。

「宗教」を超《こ》えた領域にも進出した幸福の科学

私は今、一方では、「宗教」の定義をできるだけ打ち破っていこうとして、いろいろと心掛《こころが》けていますが、それと同時並行《へいこう》で、もう一方では、反対に、宗教のなかの宗教、最も宗教らしいところを掘《ほ》り下げています。

当会は今、政治や経営、学校教育系の改革、海外での活動など、いろいろと多角的な活動をしており、宗教を超《こ》えた領域にも活動を伸《の》ばしていますが、一方では、反対に、「宗教でなければ、これはありえない」という活動もしています。

二〇〇九年には、約二十年ぶりに、新たな霊言《れいげん》の発刊を始めました。それ以降、霊的現象を当会の総合本部で数多くやっています（二〇一六年二月現在、公開霊言シリーズは三百八十冊を超える）。

そのなかには、「守護霊との対話」や「悪霊《あくれい》や悪魔《あくま》との対話」なども含《ふく》まれています。

「霊的世界は実際にあるのだ。悪霊に取り憑《つ》かれている人から悪霊をはずし、その人に幸福になってもらうために、こういう法が要《い》り、こういう活動を進めているのだ」ということもまた、一方では理解してもらわなければいけないのです。

このように、両方から攻《せ》めています。

インスピレーションとは「異次元発想」

本章で私が特に述べたいのは次のようなことです。

読者のみなさんには、仕事に関連して、「経済的な収入が増える道を知りたい」という希望があると思います。

そういう意味で、この世の面というか、仕事面や経済面、経営面でプラスになるようなことを、発明・発見していくための方法を考えてみることにします。

インスピレーションというものは、いわば「異次元発想」です。それは、天の一角《いっかく》から吹《ふ》いてくる風のようなものであり、あるとき、突然《とつぜん》にひらめいてくるものなのです。

この「ひらめき」が常態化し、常に「ひらめき」を得るようなレベルまでくると、そういう人は一般《いっぱん》的に「天才」と言われるのです。

そういう天才には、科学的な天才もいれば、政治的な天才もいます。政治的な天才は、明治維新《いしん》のころにも数多くいたでしょう。また、この二、三百年においては、科学的天才も数多くいたと思います。

もちろん、宗教的天才もいると思います。それは、そうとうインスピレーショナブルな人、すなわち、インスピレーションを受けやすい人です。

こういう人は、ほかの人たちが、「ええっ、そんな考え方があるのか」と思うような考え方を、次々と受け取って繰《く》り出すことができます。その意味では、考え方の泉というか、発想の泉が涸《か》れないで、次から次へとアイデアが出てくるタイプの人なのです。

こういう人が出てくると、それが国力を増し、国を富ませていくことに、実はつながっていくのです。

二〇〇九年から二〇一一年まで、年末にNHKが「坂の上の雲」というドラマを放映していました。

主人公の一人である秋山真之《あきやまさねゆき》は四国の生まれですが、日露《にちろ》戦争でバルチック艦《かん》隊《たい》に勝った連合艦隊の参謀《さんぼう》です。あの人も、「智謀《ちぼう》湧《わ》くが如《ごと》し」と言われたように、次から次へと作戦が思い浮《う》かんでくるようなタイプの人でした（『秋山真之の日本防衛論』〔幸福実現党刊〕参照）。

そうした「泉のごとく湧いてくる智慧《ちえ》」が、今、求められているのです。

みなさんの仕事や事業においても、また、新しく起業するに当たっても、そのように、「アイデアが、涸れることなく出てくる」ということが非常に大事なのです。

3　夫婦《ふうふ》関係にも「イノベーション」が要《い》る

人間関係の改善や克服《こくふく》も「創造」に当たる

家庭での夫婦《ふうふ》関係においては、何十年かたつうちに、倦怠期《けんたいき》が訪《おとず》れ、必ず危機が来ることになっています。

早い人の場合には、結婚《けっこん》と同時にすぐやってきます。早すぎる危機ではありますが、結婚の前に危機が来る場合もあります。

次に早い人だと、結婚一週間後ぐらいに危機がやってきます。そのあとは、通常、三年目ぐらいに危機がやってきて、その次は、「七年目の浮気《うわき》」と言われるように、七年目や九年目などに危機が来ます。

そして、「それを乗り越《こ》えた」と思ったら、女性が更年期《こうねんき》障害になる年代に入ったときに、また次の危機が必ず来るのです。

これは本当に逃《のが》れられません。これは来るものなので、「創造力」でもって打ち破らなければ、その危機と対峙《たいじ》することはできないのです。

人間関係の改善あるいは克服《こくふく》も「創造」であり、新しい智慧《ちえ》を発見し、新しい手を考えることが大事です。

今までやってきていて、「これでうまくいったから」と言っても、さまざまなことが以前とは変わってきています。

容姿も変わってきています。奥様《おくさま》の姿が結婚当時のままだったら、奥様には、ご主人から文句《もんく》を言われる筋合《すじあ》いはないのですが、まったくの〝別人〟と化していることもあります。ご主人のほうも変わっているので、お互《たが》い様ではあるのですが、二十代で結婚した人が、四十代や五十代になると、結婚当時の姿とはかなり違《ちが》います。

これを「同一人物だ」と信じ、固定観念のように、若いときの妻の姿をそのまま抱《いだ》き続けようとしても無理です。そこで、「どこかで憂《う》さ晴らしをしながら、何とか持ち堪《こた》えている」というのが人生の真実なのです。

年を取ってから生じる「男女の違《ちが》い」

男のほうも、外見が美しくなるとは限らず、一般的《いっぱん》には、若いころのほうがきれいなことは確かでしょうが、男の場合、外見は駄目《だめ》でも、「社会的に実績が積み上がってくる」ということがあります。

そうなると、若いころには、偉《えら》くはなく、尊敬もされなかった人が、立派に見えるようになるのです。

それは、女性で言うと更年期に当たる時期です。男性にも、更年期障害ではないけれども、そのような感じのものが、いちおう、あることはあります。ただ、女性ほど、きつくはありません。そのころは、だいたい、管理職が回ってくる時期に当たるのです。

そして、部下を持ったりすると、何となく立派になってきます。収入が増え、ご主人の着る物が少しよくなってきたりするため、奥様から見ると、ご主人は、かつて自分が結婚した相手ではないような感じになるのです。

それなのに、奥様のほうは、下手をすると、気がつけば、「結《ゆ》わえた縄《なわ》が解《と》け、ボートが沖《おき》に流れていっている」という感じになっていることがよくあります。節約に節約を重ねていると、次第《しだい》にそうなるのです。

奥様自身は、「もう縄が解けている」ということに気づかず、「ずっとつながっている」と信じているのですが、実際には、ボートは沖に向けて流れ去っており、もうすぐ視界から消える寸前まで来ているわけです。

一方、ご主人のほうは、たとえ頭が禿《は》げようと、白髪《しらが》になろうと、課長や部長、重役等の肩書《かたがき》をもらったりして、何か〝少し立派〟になってきており、傍目《はため》には、この世的な意味で〝後光《ごこう》が射《さ》して〟いるかのように見えることがあるのです。

ご主人が日曜日に家にいて、奥様から「庭の草を取りなさい」と言われ、それをやっている姿を見ると、それほど偉くは見えないのですが、会社に行くと別人のようになっていることがあります。こういう二重性が出てくるのですが、これが分からない奥様が多いのです。

そのため、その時点で夫婦関係のイノベーションに失敗すると、夫婦の関係は難しくなってくるものなのです。

子育てを終えた女性は「新しい自分」を創り出せ

それでは、どうやってイノベーションをすればよいかというと、家庭サービスのあり方について、何かを〝発明〟しなければいけません。

子供を育てた女性は、子供のほうに、かなり時間を取られたはずですが、その子供が反抗期《はんこうき》に入ってくると、だんだん、親の言うことをきかなくなってきます。

子供が反抗期になったとき、子供のほうは、内心では、「もう私たちは自立するから、親は親のことをやりなさい」と言っているわけです。

その意味では、子供は賢《かしこ》いのです。「もう、子供のことばかりにかまけていないで、親は親のことをやっていなさい。僕《ぼく》らには僕らの世界があるから、親は親のことをやりなさい」と言っているのですが、母親のほうは元に戻《もど》れないでいることがよくあるのです。

したがって、夫婦の関係においても、何らかのイノベーションを繰《く》り返さないと、先々まで夫婦を続けていくことは難しくなってきます。

それまでは、「子育て」を言い訳にして、ご主人を〝鉄の鎖《くさり》〟で縛《しば》り上げることができたのですが、子供のほうが親の自由にならなくなり、「親から離《はな》れていく」という雰囲気《ふんいき》になると、この〝鉄の鎖〟が効かなくなってきます。

そこで、何をすればよいかというと、〝化《ば》け〟なければいけません。何かに〝化け〟ていき、「新しい自分」を創り出さなければいけないのです。これが女性にとってのイノベーションでしょう。

そのためには、自分のことばかりを考えていないで、世間《せけん》、外に出て、「他人《ひと》様《さま》は、どうなっているか」ということを見なくてはなりません。デパートに行っても結構ですし、街《まち》を歩いても結構ですが、自分のことばかり考えるのをやめ、他人様のことを観察してください。

特に、「自分より十歳《さい》ぐらい若い女性たちが、どうなっているか」ということを、じっと、よく観察してみてください。そして、願わくば、そちらのほうに向かってUターンしなければいけないのです。

そういう努力が必要です。「世の中は変わっている」ということを知らなければいけないのです。

4　会社でリストラされず、生き残るために

「企画《きかく》して提案する力」を身につける

女性について述べましたが、男性のほうはどうでしょうか。

不況期《ふきょうき》にクビを切られるのは、何と言っても、〝お荷物《にもつ》〟の社員です。当然でしょう。〝お荷物社員〟は要《い》らないのです。まずは〝お荷物社員〟からクビを切られます。

よい社員に対して、「君は、どこにでも勤められるから、辞《や》めてくれ」と言うのは愚《おろ》かなことです。それは考えられないことなのです。

もっとも、たまには、そういうこともあります。

例えば、江戸《えど》時代の大奥《おおおく》には、「三千人もいた」とされる時期もありましたが、その大奥も、幕府の財政危機のときには、人減らしをしました。

その際、若くてきれいな女性をリストラしたのです。「あなたがたは、外へ出ても、まだ嫁《よめ》に行けるだろう」と言って、若くてきれいな人をどんどんリストラし、そうではない人たちを残しました。

これは非常に（経営的には）損な選択《せんたく》だと思うのですが、江戸時代中期の改革では、外に出しても、もう〝再就職不能〟と思われる女性を残し、見栄《みば》えがよくて、どこかに押《お》し込《こ》める女性をリストラしたわけです。

ただ、会社においては、使える人を辞めさせ、使えない人を一生懸命《いっしょうけんめい》に抱《かか》えていたら、労働組合そのものが会社になるような状態でしょうから、経営的にはよくないのです。

やはり、優秀《ゆうしゅう》で、独立してもやれそうな人を、上手に会社に引き止めなくてはいけません。そして、会社にとってマイナスというか、足を引っ張っているタイプの人で、教育しても、もうそれ以上にはレベルアップしない人の場合には、どこか、その人に合ったところに行ってもらわないといけないのが現実です。

それでは、立場を変えて会社で生き残るには、どうすればよいのでしょうか。

今の時代において生き残るには、まず、「企画力《きかくりょく》」が大事です。それは「企画して提案する力」です。企画して提案すると目立ちます。上司から見ると、企画して提案する能力を持っている人は目立つのです。

「社長、こういう案があります」と言い、バーンとぶつけてくる。そういうかたちで何回か新しい案を出してくる。そうしたら、「この人は何かをやるかもしれないな」と思われるようになります。

そして、会社が危機になったときには、「若いけれども、思い切ってやらせてみようか」「まだ十年早いかもしれないけれども、やらせてみようか」と思われ、

〈経営リーダーの要諦⑧〉

今の時代において生き残るには、
まず、「企画力《きかくりょく》」が大事です。
それは「企画して提案する力」です。
上司から見ると、企画して提案する能力を
持っている人は目立つのです。

チャンスをつかむことがあるのです。

したがって、不況の時期には企画・提案力を非常に強く持たなければいけません。

思い切ってリスクを取り、問題を解決していく

それから、もう一つ大事なのは、思い切ってリスクを取っていくことです。

これには勇気が要るのですが、自分にリスクのかかることから逃《に》げてばかりいる人は「不良社員」です。そういう人は、好況期には会社にいられても、不況期になったら、どうなるか分かりません。

自《みずか》らリスクを取って、問題を解決していくタイプの人や、「私がやってきます」「私がこの問題に取り組み、片付けます」「相手と交渉《こうしょう》してまいります」などと言って乗り込んでいき、リスクを取るタイプの人には、やはり頼《たの》もしいところがあ

ります。

上に立つ者に対し、積極的に議論をぶつけていく

経営者の側から見ると、不況の時期は、ただただイエスマンに囲まれていたら、会社が潰《つぶ》れる時期でもあります。

不況期には、社長の周りにいる人たちが、「社長のおっしゃるとおりです。はい、そのとおりです」と言っているだけだと、会社が潰れるので、優秀な経営者であれば、部下の言うことに耳を傾《かたむ》けなければいけません。

したがって、この時期は、ディベートというか、議論を積極的にぶつけ合っていかなければならない時期です。

自分の考え方とは違《ちが》う考え方をぶつけてこられても、それを受け止めて話し合うだけの度量《どりょう》を、上に立つ者は持たなければいけませんし、下にいる人は、どん

どんチャレンジして、上の人の度量を試《ため》さなければいけません。

じっとしていたら、会社は潰れていきます。手遅《ておく》れになったら、もうどうにもならないのです。

情報キャッチ能力を持ち、「流れの変化」を捉《とら》える

それから、「流れの変化」「潮目《しおめ》の変化」を、いち早くキャッチしていくことが、とても大事です。その意味での情報キャッチ能力は、トップにも必要ですし、社員にも必要です。そういうことが必要ではないかと私は思います。

『創造の法』には実は書いていないのですが、やはり街《まち》に出なければ駄目《だめ》です。仕事的には、外へ出て、いろいろな所を見て歩かなければ駄目なのです。

特に、自分が今まで行かなかったような所や、関心がなかったような所に行って、街の様子などを見てこなくてはなりません。

また、自分が今まで関心を持たなかった領域に足を踏《ふ》み込んでみることも大事です。

自分の仕事には関係ないものであっても、今、人気があったり、新しく流行《はや》ってきたりしているものがあったら、「これは、いったい何なのだろうか」と関心を持つべきです。

あるいは、子供たちに非常に人気があり、流行っているものがあったら、それについて、「なぜ今、これに人気があるのだろうか」と思い、素直《すなお》な心でそれを見てみる必要があります。

親としては、もう頭が古いので、理解したくない気持ちはあるでしょうが、頭からバシッと否定するのではなく、「なぜ、そういうものが面白《おもしろ》いのか」ということを考えてみる必要があるのです。

うち（大川家）には、以前、「萌《も》え系」と言われている、目がクリクリとした、かわいい女の子のキャラクターが描《えが》かれたポスターなどを、いろいろと仕入れてきていた者もいました。

ただ、「親が頭ごなしに『けしからん』などと言い、こういうものをバッサリ切ってしまうだけではいけない」と思い、私は、「今、〝二次元平面〟に関心を持っていて、まだ〝三次元〟にまで移行していないのだ」という感じで見ていました。

〝二次元〟に関心を持っているうちは、まだ大丈夫《だいじょうぶ》です。〝三次元〟に関心を持ってきたあたりが境目なので、そのあたりになると、親のほうは何かチェックを入れなければいけませんが、〝二次元〟に関心があって平面でよいうちは、「まだ大丈夫」と見るわけです。

世相の違《ちが》いを見るため、「素直《すなお》な心」で森羅万象《しんらばんしょう》を眺《なが》める

若い人にとって、ヒーローのイメージが従来とは変わってきています。

例えば、映画「永遠の法」（製作総指揮・大川隆法。二〇〇六年公開）に登場するヒーローは、完全無欠なタイプのヒーローです。

ところが、映画「仏陀再誕《ぶっださいたん》」（製作総指揮・大川隆法。二〇〇九年公開）に出てきた、主人公の海原勇気《うなばらゆうき》という男の子は、「普段《ふだん》は少し頼《たよ》りないところがあり、よく分からない、陰《かげ》があるタイプだが、ここ一番のところでは何とか頑張《がんば》り、人々の力になる」という感じの描き方をされていました。

また、同じく映画「仏陀再誕」のヒロインである女子高生（天河小夜子《あまのかわさやこ》）のほうも、冒頭《ぼうとう》のシーンでは、学校で居眠《いねむ》りをしていて、先生にパシッと頭を叩《たた》かれていますが、あれは二十代が出した発想です。

私も含《ふく》め、四十代ぐらいから上の年齢《ねんれい》の人だと、「主人公がいきなり頭を叩かれるのでは困る」と考えるのですが、実際にはそういう現実があるわけです。

そういう頼りない人が、「謎《なぞ》の美少女」になり、〝救世主〟のようになって、突《とっ》如《じょ》、人々に崇拝《すうはい》されますが、これは、ある意味で現代版のシンデレラ・ストーリーのようなものです。

すでにピカピカの人物が主人公だと、当然、最初から結論が分かってしまいます。「これが主人公で、すごく頑張るのだろうな」と思える男性や女性が出てきて、最初から最後まで、その姿を貫《つらぬ》くのであれば、これはお父さんやお母さんの時代のヒーローなのです。

今のヒーローは、そうではありません。ずっこけるタイプ、頼りないタイプの人が、いざというとき、ここ一番のときに、意外と頑張り、活躍《かつやく》するようなかたちが多いのです。

アメリカの映画を観《み》ていても、「普段はだらしがなく、どうしようもないパパが、娘《むすめ》が何かの犯罪に巻き込まれたら、必死になって戦う」というように、「普段はだらしのない人が、いざというときには頑張る」というようなものがあります。

これは夢幻《ゆめまぼろし》であり、人々の理想なのですが、そういう映画などで、人々は、「そうでありたい」という願望を充足《じゅうそく》しているのです。

最初からバシッとエリートなのではなく、「今までエリートではなかった人が、突如、頑張り始める」という姿に、若い人は惹《ひ》かれるようです。

映画「仏陀再誕」のシナリオについて、そういう提案を受け、私は、それまで観ていなかった、「新世紀エヴァンゲリオン」というアニメーション映画もじっと観てみましたが、確かに、そのようなかたちになっているのです。

「僕《ぼく》は、戦いが怖《こわ》くて、どうしようもない。なぜ僕がやらなくてはいけないのか」と言っていた人が、ものすごいロボットのようなもののなかに入り、それを動かし、敵と戦いまくっているのです。そういう人が救世主役になっていました。ああいうものに、今の若い人は惹かれるわけです。

やはり、世相の違《ちが》いを見なければいけません。そのためには、「固定観念を捨て、『素直《すなお》な心』で、いろいろなもの、森羅万象《しんらばんしょう》を眺《なが》めよう」という気持ちを持たなくてはならないのです。

「年功序列」にとらわれない柔軟《じゅうなん》さを持つ

一方、若い人も、年上の人がいろいろと言ってくることを受け止め、いったん聴《き》かなくてはなりません。若い人が、そういう姿勢を持っていると、年上の人は、けっこう言ってくれるものです。そういうことが大事です。

また、会社では、上司が、「入社して三年目ぐらいの若いやつが何を言うか」

などと言いがちなのですが、今は、もう、「年功序列」を言っている時代ではありません。

若い人のアイデアであっても、よいアイデアであれば、すぐにでも使うべきです。結果的に会社に利益が出るようなものだったら、それに取り組まなければいけないのです。

その意味では、非常に柔軟《じゅうなん》にやらなければいけない時代に入っています。

5 「創造的社員」として生き延びていこう

「新しい刺激《しげき》」に接していれば、年を取ってもボケない

『創造の法』に書いてあることは、いちおう、オーソドックスな「インスピレーション獲得《かくとく》法」ではあるのですが、一つ付け足しておきたいことは、前述したように、「街《まち》に出て、世の中の変化をよく見なさい」ということです。

お年寄りの方で、「私はボケるかもしれない」と心配している人もいるでしょうが、それは新しいことに関心を持つことで解決するのです。

家にこもって、じっとしていたりしたら、どんどんボケていくので、常に新しいことに関心を持ち、若い人の世界に関心を向けていくことが大事です。新しい

ものにチャレンジしていくことを常に考えていたら、ボケないのです。「自分は今まで、それをやったことがないから、やらない」と考えていてはいけません。

例えば、「私は散歩のコースを決めてある。この周りを右回りで回るだけだ」と言っていた人であっても、たまには、左回りに回ってみるとか、普段《ふだん》とは違《ちが》う街に行ってみるとか、初めての所に行ってみるとか、そういう気持ちが大事なのです。

そうしたらボケません。「新しい刺激《しげき》」に接することを求めていけば、男女共にボケないで済むのです。

「異業種《いぎょうしゅ》から得られるヒント」は数多くある

街に出ることは健康上も大事なのですが、街の姿を見ていくと、政治や経済、あるいは会社の仕事に関してヒントが得られます。特に、異業種《いぎょうしゅ》、自分のところとは違う業種から得られるヒントは数多くあります。

私は、仕事上、人前《ひとまえ》に出ることが多いので、ここ数年、ファッション系の勉強もしているのですが、そうすると、百貨店あたりに行ったときに、店員から、「先生、この商品について鑑定《かんてい》してください」と言われることがよくあります。

私の職業は鑑定士ではないのですが、「これは適正な値段だと思いますか。高いですか。安いですか。売れると思いますか」などと、いろいろな所でよく訊《き》かれるのです。

それに対して、私は、「少し高いのではないか」「これはいける筋《すじ》だね」などと答えながら、「私は何の仕事をやっているのだろう」と思ったりしています（笑）。

そんなことが私の商売ではないのですが、宗教家というものは、「ものを見る眼《め》がある」と思われているらしく、「今年、これが売れるかどうか。流行《はや》るかど

〈経営リーダーの要諦⑨〉

街《まち》に出ることは健康上も大事なのですが、街の姿を見ていくと、政治や経済、あるいは会社の仕事に関してヒントが得られます。特に、異業種《いぎょうしゅ》から得られるヒントは数多くあります。

うか。ヒットするかどうか」ということを、店員が私に訊いてくるのです。値段についてまで、鑑定してほしいと言われます。

「いろいろなものについて、依頼人《いらいにん》が値段を推定し、鑑定団が鑑定する」というテレビ番組があるようですが、私の場合も、百貨店等で、「買い物に来た方が、これを高いと思うか、安いと思うか、手頃《てごろ》だと思うか、買いたいと思うか、それを事前に鑑定していただきたい」などと言われることがよくあるわけです。

ファッションからアクセサリー系まで、鑑定を頼《たの》まれることが増えてき始め、「これは限定品ですが、どう思いますか。世界に幾《いく》つかしかないものですが、この値段でよいと思いますか」などと訊かれることが多くなってきました。これでは、私は鑑定士になってしまいます（笑）。

私は、珍《めずら》しいものに関心を持っているので、「うーん。そうだなあ、色がもうひとつかなあ」「角度が悪い」「光り方が……」など、いろいろなことを、けっこう言うのですが、私にとっても刺激にはなります。

このように、ものを売る商売をしている人たちが、かえっていろいろと訊いてくださることもあり、こちらはこちらで勉強になることもあるのです。

また、営業系の勉強も大事です。

「ものを売る人たちが、どのようなかたちで営業をするか。それぞれのところでトップセールスマンに当たる人たちが、どのようなトークをするか」ということを、私は研究しています。

私の場合、そういう人に会い、「どのように言ってくるのか」ということを見て、きちんと学び、「なるほど。なかなか優《すぐ》れたやり方をしているな。これで相手を説得したりできるのか」と思うものがあれば、それを宗教のほうに応用しなければいけないのです。

そのため、いろいろなところで、トップセールスマンのような人が何かを言ってきたら、「どのようなかたちで切り込《こ》んでくるか。どういう切り口上《こうじょう》でものを勧《すす》め、売ろうとするか」ということを、私は見ているのです。

それは宗教にも必ず応用可能なので、そういうものの研究もしています。

「新しい能力」を身につけ、「新しい領域」に関心を持つ努力を

そういう意味で、「街に出る」ということと、「新しい人に会う」ということが、やはり大事です。

そして、「ほかの人」が言ってくることを、いちおう受け止めて、研究するのです。それが非常に大事です。「今まで自分が考えていなかったようなこと」を考える人が世の中にはいます。霊的《れいてき》な次元の上下《うえした》とは関係なく、それは実際にあるので、別の領域に転用すれば使えることは十分にあるのです。

ですから、できるだけ、外の人、異業種の人の発想や考え方を学んで、「これ

を自分のところに応用できないか」ということを考えるとよいでしょう。

そういう努力をすれば、不況《ふきょう》の時期であっても、業績を伸《の》ばし、「創造的社員」として生き延びていくことはできると思います。

とにかく、幾つになっても、「新しい能力」を身につけようとしたり、「新しい領域」に関心を持とうとしたりすることは非常に大事です。

もちろん、その半面、時間を無駄《むだ》に使いすぎないようにしなければいけないので、「自分の本業で大事なところについては、きちんと護《まも》る」という保守的な態度も、一方では必要でしょう。「何に対しても面白《おもしろ》がり、本業を何もしないで遊んで暮らす」というのは〝場違い〟なことです。

最終的には、何と言っても、王道は、「熱意を持って一生懸命《いっしょうけんめい》に努力する」ということです。そういう人に、いろいろなアイデアやインスピレーションが降りてきます。

これが天上界《てんじょうかい》の法則なので、「この世の中に少しでもよいことをしよう」という熱意を持っている人に、インスピレーションが数多く降りてくるのです。そのことを知っておいてよいと思います。

〈経営リーダーの要諦⑩〉

天上界《てんじょうかい》の法則で、
「この世の中に少しでもよいことをしよう」
という熱意を持っている人に、
インスピレーションが数多く降りてくるのです。

第4章　新価値創造法

——努力を継続《けいぞく》し、「逆発想」を心掛《こころが》けよ

二〇一〇年一月十日　説法《せっぽう》

東京都・幸福の科学　東京正心館《しょうしんかん》にて

1　失敗は「創造」の先生役

人生では「予想外のこと」がよく起きる

本章のもとになる説法をした前日の二〇一〇年一月九日に、幸福の科学学園中学校・高等学校（那須《なす》本校。二〇一〇年四月開校）の高校部門で、初めての入学試験が行われました。

ただ、幸福の科学グループ総裁である私のほうには、「こういう問題の試験をやります」などという報告が、事前に上がってはきませんでした。

なぜかというと、私宛《あ》てにそういう報告を上げると、私のところまで来る途《と》中《ちゅう》で、いろいろな人が見る可能性があるからです。そのため、情報管理を徹底《てってい》し、私も事前に問題を見せてもらえず、「どのような試験をしたか」ということは、試験が終わったあとに報告が上がってきたのです。

その翌日（二〇一〇年一月十日）には、私の五人目の子供で二人目の娘《むすめ》である末《すえ》っ子が、同学園の最初の中学受験に挑《いど》みました。

子供の受験の際、父親のできることは数少ないのですが、前日、「朝の五時四十五分に起きる」と娘が言っていたので、「大人は楽々と五時四十五分ぐらいに起きられるのだ」というところを見せるため、私は早く起きて、娘が起きているかどうかを見にいきました。

そして、「起きているか。受験票は持っているか。ホカロン（使い捨てカイロ）は持っているか」などと言うと、娘は、「ホカロンを持っていっても、教室のなかは、暖房《だんぼう》が効いていて暑いかもしれないじゃない」と言ったのです。

そこで、私は、「何を言っているんだ。なかは暑いかもしれないけれども、教室が開く前には外に立たされるので、そのときが寒いんだ。そのときにカイロを持っていないと、風邪《かぜ》をひくんだ。なかに入ってから暑かったら、カイロを捨てればよい。教室に入る前、外で三十分ぐらい立っているときに体が冷えるんだ。初めての受験だと、それが分からないんだ」などと説教をしました。

そのあと、朝ご飯《はん》を六時ごろに食べたのですが、娘は、ご飯を食べながら計算問題を十問ぐらい解き、頭がボケていないかどうか、確認していました。やがて、真っ暗ななかを娘が出かけていくのを見送って〝一件落着〟となり、ホッとして、私は家のなかに戻《もど》ったのです。

受験生を持つ親というものは、なかなか厳しいものです。

私には五人の子供がいるため、中学受験や高校受験、大学受験を合わせると、すでに累計《るいけい》で四十回以上の受験を経験しており、経験は豊富です。

それぞれの子がいろいろな学校を受けて、受かったり落ちたりしているので、

「コンピュータによる、塾《じゅく》や予備校の合否判定が、統計的に見て、どの程度当たるのか」ということも、かなり分かっています。

「合格可能性は八十パーセント以上」という判定が出ていても落ちることがありますし、「二十パーセントぐらい」で受かることもあります。なかには、「五パーセントからゼロパーセント」であっても受かる人もいるのです。

まことに不思議であり、「なぜ、こうなるのだろう」と思うのですが、本番では、そういうことが起きるものなのです。

例えば、同じ塾に通っている二人の子供がいて、塾に在籍《ざいせき》していた三年間、一方の子は、ずっと成績が上で、一度も逆転されたことがなかったのに、その二人が同じ学校を受けたら、本番では、三年間ずっと上だった子が落ち、下だった子が合格することもあるのです。

過去、塾や予備校の試験で百連勝していても、本番では、塾や予備校の成績では下の子のほうが受かってしまうこともあるわけです。

これは、まことに不思議としか言いようがなく、「人生の船出《ふなで》が、いよいよ始まるのかなあ」と感じます。人生の船出が始まると、いろいろと予想外のことが起き始めるのです。

「合格すれば幸福で、不合格なら不幸」とは限らない

中学受験あたりが最初の関門となるわけですが、合格したら必ず幸福になり、不合格なら必ず不幸になるとは限らないのが、人生の面白《おもしろ》いところです。第二志望校や第三志望校に入ったほうが、実は本人に合っていて、うまくいく場合もあり、逆に、第一志望校に入ったあと、ついていけなくなるようなこともあるのです。

そのへんには、何とも言えないものがあります。

普通《ふつう》は、成績がよいと、「頭がよい」と短絡的《たんらく》に考えてしまうのですが、東京の有名な進学塾でトップを張っていたような子であっても、秀才《しゅうさい》ばかりが集まる学校に入ると、中学校ぐらいで落ちこぼれてしまうことがあります。そして、退学まで行ってしまうケースも生じてくるのです。

まことに不思議なのですが、これは、「ピークが早く来すぎている」ということでしょう。ピークが早く来すぎると、学校に入ってから、地道な努力がなかなかできないのです。

私立のトップ校のようなところでは、誰もが名前を知っているような秀才でも、その学校を辞《や》めて公立に移ることもあります。

私の次男が行っていた学校では、入学試験に補欠で受かった子が、その後、一番を取ったりしたので、どうなるか本当に分かりません。人生においては、先のことは分からないのです。

ただ、言えることは、「一つひとつのチャレンジは、それぞれ、その時点でのものであって、次の扉《とびら》を開くための資格にしかすぎないのだ」ということです。この世において永続するものは何もありません。その時点において、何らかの資格が与《あた》えられたり、道が開けたりすることはあっても、「それから先を、どのように進んでいくか」ということは、人それぞれであって、先は分からないのです。それを知っておいてほしいと思います。

創造の舞台裏《ぶたいうら》には「数限りない失敗の山」がある

「創造の法」のなかの必要条件というか、どうしても知っておかねばならないことは、「発明や発見をする人、いろいろなことを思いつく人であっても、面白いアイデアなどを急にポンとこの世に生み出せるわけではない」ということです。たいていの場合、創造の陰《かげ》、舞台裏《ぶたいうら》には「数限りない失敗の山」があるのです。

これは、本当にそのとおりです。

そこは、「成功したければ、その二倍、失敗せよ。三回、成功したかったら、六回、失敗せよ」と言われるのが当たり前の世界です。あるいは、三倍ぐらい失敗してもおかしくはありません。

創造の面においては成功するまでには、ものすごい失敗の数が、その前にあるのです。それは、野球の選手で、ヒットやホームランの多い打者に、空振《からぶ》り三振《さんしん》の数が多いのと同じです。成功を狙《ねら》っていると、外すことも多いのであり、狙わなければ外しもしません。

失敗を恐《おそ》れていては、成功は巡《めぐ》ってこないのです。

当会は、二〇〇九年には、『勇気の法』（幸福の科学出版刊）を中心に活動しましたが、この『勇気の法』と『創造の法』はつながっています。

「勇気の法」では「チャレンジ精神」を大事にしますが、チャレンジの陰には数多くの失敗が積み重なっていくと思います。しかし、それを恐れたら、「新しいもの」をこの世に生み出すことは不可能です。

したがって、どんどん挑戦《ちょうせん》していき、失敗をものともしないことが大事です。そういう「チャレンジしていく精神」は、「創造の法」においても非常に大事なのです。

「失敗は、ある意味での先生役である」と言えます。失敗は、自分の人生において、個人的な家庭教師の役割を果たしてくれています。

各人には、それぞれの成功や失敗がありますが、「あなたの失敗」は、本当に、「あなたにとって必要なこと」を教えてくれている場合が多いのです。ほかの人にとっては何の役にも立たないことであっても、その人にとっては実に重要なことを教えてくれている場合があるのです。

ライバルや敵は「あなた」をいちばんよく知っている

例えば、ライバルや敵に当たるような人から、批判や非難等の攻撃《こうげき》を数多く受けることがあります。その場合には、もちろん、反撃し、戦って勝つように努力すべきだと思います。それは、人生において当然のことなのですが、ある意味では、敵ほど、あなたのことをよく知っている者もいないのです。

例えば、当会の敵なら当会の弱点を、あなたの敵ならあなたの弱点を、よく知っています。

あなたを嫌《きら》っている人や、あなたを批判している人ほど、あなたのことを実によく知っています。ライバルというものは、相手のことを本当によく知っているのです。

「岡目八目《おかめはちもく》」というか、外から見ると、よく見えるものなのです。意外に、親友や、あまりにも仲の良い人は、それを言ってくれませんが、あなたのことを悪く言う人には、あなたのことがよく分かっていることがあるのです。

そういう、批判の言葉などを、その時点では素直《すなお》に聴《き》けないことがあるかもしれませんが、いずれ、それが役に立つこともあります。その場では受け止められなかったり、消化することができなかったりしたとしても、それを心の片隅《かたすみ》、頭の片隅に置き、「いずれ、それを克服《こくふく》しよう」という気持ちを持っていると、いつの間にか、それを乗り越《こ》えていくことができるのです。

結果論にはなりますが、「そういうことが法則としてあるのだ」ということを知っておいたほうがよいでしょう。

2　努力を継続《けいぞく》すれば、いつか花が咲《さ》く

〝不成仏《ふじょうぶつ》〟の思いを克服《こくふく》すべく、「再チャレンジ」を

日本育ちの日本人であれば、たいていの人は、英語に対する苦手《にがて》意識を持っています。英語圏《けん》の外国育ちの人の場合には、もちろん違《ちが》いますが、日本人には、「発音は悪いし、英語をなかなか覚えられない」という意識があります。

英語の先生をしている人であっても、英語に対して劣等《れっとう》感を持っている人はたくさんいます。例えば、「自分は外国に留学していないので、自分の英語はまだ本物ではない」と思っている人は数多くいます。プロであってもそうなのです。

私は、海外伝道等のため、五十歳《さい》を過ぎて、まだ英語の勉強をしなければいけ

ないような立場にあるのですが、それでも、何とか仕事で使えるレベルにはなっています。

若いころの商社時代、私はアメリカのニューヨークへ行き、そこで仕事をしていました。

客観的な目で見れば、「二十代でニューヨークへ行って仕事をし、ニューヨークの大学院で勉強もする」というのは、「英語がよくできるエリート」としての扱《あつか》いをされたのだろうと思います。

しかし、主観的な目で見ると、そうではなくて、個人的には挫折《ざせつ》の連続のようなところがありました。自分としては、「どうして、こんなにできないのだろう」と感じることが多かったのです。

「英語が十分に使えず、その結果、英語を使っての仕事も、スラスラと行うことができない」ということに対する、何とも言えない〝不成仏感《ふじょうぶつかん》〟がありました。

私は世の人々に「成仏」を勧《すす》めていますが、この〝不成仏感〟を、当時の私は味わい続けました。

それは、砂地の上を走っていて、足で蹴《け》っても蹴っても前に進まず、ズボッと沈《しず》んでいくような感覚です。これは何とも言えないものでしたが、おそらく、大方の人は、ある意味でそういう感覚を味わっているだろうと思います。

英語にかなり自信があるような人でも、外国へ初めて行き、仕事をしたり、留学をしたりしたら、そういうことを経験しているでしょう。

鳩山《はとやま》元首相は、国連での演説のとき、自分で書いた英語の文章を読んでいましたが、ある帰国子女が彼の演説を聴《き》いて、「発音が下手《へた》ですねえ」と言っていたので、私は、「日本人が英語で話すのは怖《こわ》いものだ」と、つくづく思いました。

また、経済評論家の長谷川慶太郎《はせがわけいたろう》氏は、鳩山氏の英語演説に対して、「中学生の英語かと思った」という、厳しいことを言っていました。内容を見たかぎりでは、「中学生のレベルよりは上だ」と私は思いましたが、いずれにせよ、「人前《ひとまえ》で話す」というのは、なかなか厳しいものです。

大勢の人が聴いているので、どんな人が、どのように感じているか、本当に分からないのです。世の中は本当に厳しいものだと思います。

ともかく、私には、「若いときに、英語を十分に使うことができなかった」という気持ちが強く残っていたのです。しかし、そのような〝不成仏〟の思い、挫折感と失敗感を持ち続け、ずっとくすぶっているだけではいけません。それを克服《こくふく》しようとして、どこかで「再チャレンジ」を行い、また努力をしてみる機会を持たなくてはなりません。

私の場合は、若いころに〝不成仏〟だった部分を何とか乗り越《こ》えようとして、五十代であっても世界伝道へ夢を膨《ふく》らませているのです（注。二〇〇七年以降、海外巡錫《じゅんしゃく》を数多く行《おこな》ったが、ほとんどが英語での説法《せっぽう》である）。

ニューヨークで体験した「ショックな出来事」

私は、ニューヨークに行った最初の日に、職場で、「こんなに英語の下手な人は見たことがない」と言われ、悔《くや》しい思いをしました。

それは、「英語の下手な人」ということだけではありません。日本人は英語が下手なのですが、「日本人のなかでも、こんなに英語の下手な人は見たことがない」と言われたのです。悔しいですが、本当です。

私が勤めていた会社では、ニューヨークなどへ赴任《ふにん》して仕事をする人は、通常、その前に英会話の学校で何カ月か勉強し、そのあと行っていたのですが、私は事前に学校に行きませんでした。

実は、上司に啖呵《たんか》を切り、「私には英会話の学校など必要ありません」と言って大見得《おおみえ》を切ったところ、本当に行かせてもらえなかったのです。

「そうは言っても、君、一回、行っておきなさい」と言ってくれるものだと思っていたら、言ってくれませんでした。「経費がかからなくて助かる。彼は英語に自信があるらしい」と思われ、本当に行かせてもらえなかったので、私は初めてアメリカへ行くのに英会話の学校に行かなかったのです。

そうしたら、「こんなに英語が下手な人は見たことがない」と言われ、本当に情けなく、悲しい思いをしました。

また、向こうでマンションに入居した最初の日に、近所の人から訳の分からない電話がかかってきました。どうやら、「自分の家の前にゴミを捨てられた」ということで、抗議《こうぎ》しているらしいのです。捨ててあったゴミのなかに、私が入居した部屋の電話番号を書いたものがあったので、電話をかけてきたわけです。

「とうとう犯人を見つけた。おまえを警察に訴《うった》えてやる。これから警察を呼ぶからな」と言われたので、私は真《ま》っ青《さお》になりました。

「ここで英会話ができなければ、刑務所《けいむしょ》行きになる可能性がある」と思い、私は必死に抵抗《ていこう》しました。

「私は今ちょうど日本から着いたところだ。"just now《ジャストナウ》"だ。そのゴミを捨てたのは私とは別の人なのだ。その人は、今、日本に帰る飛行機に乗っているのだ。私は、まったくの別人であり、ここには、今、入ったところなのだ」と言ったら、向こうが"I'm sorry.《アイムソーリー》"と言ったので、ホッとしました。パトカーに乗せられずに済んだのです。

ニューヨークへ行ってすぐにパトカーに乗せられたのでは、たまったものではないので、必死に説明し、何とか乗り切ったのですが、そういう体験をして、少し自信がつきました。

そのあと、私はレストランに行きました。ただ、メニューを見ても、全部、英語で書いてあるため、料理の内容がよく分かりません。

しかたがないので、メニューのなかで、よく分かる単語を探したところ、“chicken《チキン》”という単語がありました。ほかに読みようがないので、「これは鶏《にわとり》だろう」と思い、“a chicken”と言って注文したら、丸ごと一羽が出てきたので参りました（会場笑）。

確かに、“a chicken”は「一羽の鶏」という意味でしょう。日本では、鶏を丸ごと一羽食べる人はまずいませんが、本当に、丸ごと一羽、丸焼きが出てきたのです。羽は取ってありましたが、「これを食べる人が世の中にいるのだろうか」と思い、衝撃《しょうげき》を受けました。

ただ、隣《となり》を見たら、体重が百何十キロぐらいの人がいて、「もしかすると、この人なら食べられるかもしれない」と思ったので、やはり注文した私が悪いのです。メニューにあるなかで、いちばん言いやすい英語を探し、“a chicken”と言ったら、チキンだけが丸ごと出てきたわけです。

そのようなショックな出来事はたくさんありました。

何歳《さい》からであっても、勉強はやり直せる

当時の私は、「なぜ、こんなに英語ができないのだろうか」と思い、中学一年生に逆戻《ぎゃくもど》りしたように感じ、本当に涙《なみだ》が出ました。「実社会で英語を使うのは、これほど難しいのか」と感じる経験をしたのです。

これでも、私は、大学受験時代には、例えば駿台《すんだい》模試の英語では、百点満点中、九十六点ぐらいを取っていました。全国でトップレベルの成績を英語で出していたのです。

ところが、ニューヨークに初めて行ったら、鶏が丸ごと一羽出てきたりしたので、「この学力の差は、いったい何なのだ。日本人は、本当に英語ができないのだろうか」と思い、自己信頼《しんらい》への揺《ゆ》らぎのようなものを感じました。

「日本人は根本的に外国語ができない民族なのではないか。英語を話す能力では世界最低の国のなかで順位争いをしているのではないか」という、不思議なものを感じたのです（注。これはニューヨーク赴任当初の話である。その後は英語を縦横無尽《じゅうおうむじん》に使いこなしている）。

しかし、向こうで仕事をしているうちに、「中国人や韓国《かんこく》人など、ほかの国の人たちは、ずいぶん勝手な英語を使っている。発音も文法もひどいものだ」ということが、だんだん分かってきました。

日本人の場合、発音は悪くても、文法的には何とかまともな英語を話そうと頑《がん》張《ば》っていることが伝わってくるので、「いや、日本人は、けっこう健闘《けんとう》しているではないか」と思いました。

日本人の英語は、聴いていてよく分かるのです。ただ、これには、「日本人だということが分かる」という意味も半分入っています。

私は、ニューヨークで、そういう経験をして帰ってきて、そのあと、二十年ほど〝潜《もぐ》って〟いましたが、ここ数年、もう一回、英語を使わなくてはいけなくなり、勉強し直したりしています。

何歳《さい》からであっても、やり直したら、できるようになることはあるのです。

3　アイデアを得るための「二つの努力」

読書の速度も「修練」によって向上する

『創造の法』には、私が、ずいぶん読書をしており、すごい数の本を読めるように書いてあります。このころには、一年に二千冊までは行かなくとも、最低でも千六百冊から千七百冊ぐらいは読んでいただろうと思います（注。二〇一六年現在は、学問的な本を年間二千五百冊から三千冊ぐらい読んでいる）。

みなさんは、私のことを、「生まれつき、本を早く読めるような頭脳だったのだろう」と思われるかもしれません。しかし、そんなことはありません。

大学一年生になったころ、私の「本を読む速度」は、確か一時間に約六十ページでした。これは、だいたい、普通《ふつう》ぐらいで、平均的な速度だと思います。

学生時代に、一カ月間でいちばん多く読めたときには「五十五冊」でした。休みの日が多かった月だと思いますが、そういう記録が残っています。「月に五十五冊」が学生時代の最高記録だったのです。

今であれば、このくらいの冊数を二日ほどで読んでしまいます。

知力がアップしたのか、それとも、技術がアップしたのか、分からないのですが、これは、ジョギングなどのスポーツで体を鍛《きた》えるのと同じで、頭脳においても、継続《けいぞく》して訓練しているうちにレベルが上がってくるのです。

大学に入ったころには、一時間に六十ページぐらい読んでいたわけですが、次《し》第《だい》に八十ページぐらい読めるようになり、やがて百ページぐらい読めるようになりました。二年生のときには、百二十ページぐらい読めるところまで読書の速度は上がっていました。

今では、本を読める速度は、新幹線やリニアモーターカーより速く、〝音速〟をも超《こ》えています（時速二千ページ強）。

ただ、これは、やはり、それ相応の「修練」の結果であって、特別な能力ではないと思います。おそらく、体操の選手やサーカスの曲芸師と同じで、毎日訓練しているうちに、だんだん能力が上がってくるものなのでしょう。「もともと違《ちが》いがある」というようには思わないほうがよいと私は思います。

関心領域を広げながら「自信の源《みなもと》」を持つ

読書をして勉強する上で大事なことは、「意欲」です。

そして、意欲のもとになるものは何かと言うと、「関心」です。「関心があるかどうか」という点がポイントです。

「関心を持っている」ということ自体が、「才能がある」ということを意味します。あなたが、あることに関心を持つならば、「そこに才能がある」ということなのです。

したがって、自分の才能について知りたければ、「自分は、どのようなことに関心があるか」という点を見ればよいのです。関心があることには、だいたい才能があるので、そこを掘《ほ》れば、〝宝物〟が埋《う》まっています。

一定の深さまで掘るには努力が要《い》りますが、掘っていくと何かが出てきます。〝金鉱〟が出てくるか、〝石油〟が噴《ふ》き出てくるか、分かりませんが、関心がある分野を掘れば、何かが出てくるのです。

特に、若い人の場合、できるだけ、いろいろなことに関心を広げておくことが大事です。そうすれば、将来、さまざまなところで花が開いてきて、思わぬところで自分を助けてくれるようなことがあります。ですから、「若いうちに、いろいろなことに関心を持つ」ということを私は勧《すす》めたいのです。

もっとも、若いころには、関心領域を狭《せば》めたほうが成果はよくあがります。例えば、受験勉強などでは、関心領域を狭めたほうが成果はあがります。そういう時期にはしかたがないのですが、それが終わった段階では、やはり、ある程度、関心領域を広げておいたほうがよいと思います。

そのなかで〝不成仏《ふじょうぶつ》〟なところはたくさん残ると思うのですが、いろいろなことに関心を持ちながら、まず、何か一つぐらい、自分の「自信の源《みなもと》」になるものを持つことが大事です。何か一つを深く掘り下げて、「これについては自信がある」というようなものを持っていると、揺《ゆ》るがなくなります。

その自信に基《もと》づいて、次に関心があるようなところを少しずつ掘っていけば、いろいろな情報が入ってくるようになります。そういう情報が、実は、仕事をしているときのアイデアのもとになるのです。

〈経営リーダーの要諦⑪〉

自分の才能について知りたければ、

「自分は、どのようなことに関心があるか」

という点を見ればよいのです。

関心があることには、だいたい才能があるので、
そこを掘《ほ》れば、〝宝物〟が埋《う》まっています。

「間接的努力」と「直接的努力」の二つが成果を生む

アイデアというものは、突如《とつじょ》、降ってくるかというと、そんなことはありません。

私は、「努力には二種類あって、直接的努力と間接的努力とがある」と説いたことがあります（『朝の来ない夜はない』『されど光はここにある』〔共に幸福の科学出版刊〕参照）。

「直接的努力」とは、目の前にあって片付けなければいけない問題に対する努力、あるいは、目の前のハードルを越えるために一生懸命《いっしょうけんめい》に行う努力のことです。

「間接的努力」とは、やがて来る日のために、日ごろから行《おこな》っている努力のことです。

例えば、次のようなことが「直接的努力」と「間接的努力」に当たります。

今は温水プールがあるので、学校の水泳部員は一年中泳げるでしょうが、昔だと、水泳部員は夏にしか泳げませんでした。一夏泳ぐだけで、冬の間には、走り込《こ》みや筋力トレーニングなどをしていたのです。

こういう、冬場の走り込みや筋力トレーニングなどが、間接的努力に当たる部分です。

一方、プールで実際に泳ぎ、距離《きょり》を伸《の》ばしたりタイムを縮めたりすることが直接的努力です。

努力には、基本的に、この二種類があります。

間接的な努力を水面下でずっと続けていき、その上で、特定の目的の下《もと》に、直接的な努力を集中して行うと、よい成果を出しやすいのです。それを知っておくことが大事です。

「不況《ふきょう》をどう乗り切るか」という問題への取り組み方

私は、現時点では使わないことであっても、自分が興味・関心を持っていることについては、〝チョコチョコ〟と、少しずつ継続的に努力を続けています。

例えば、『創造の法』を出したころ（二〇一〇年一月）には、「どうやって不況《ふきょう》を乗り切るか」という問題に関心を持っていました。

当時、政府（民主党の鳩山由紀夫《はとやまゆきお》内閣）は、「事業仕分け」と称《しょう》し、「とにかく、無駄《むだ》な予算を削《けず》る。無駄な経費を削る」というパフォーマンスを体育館で行ったりしました。ただ、何兆円も削るつもりだったのに、結局、数千億円ぐらいしか出てこなかったのです。

もともと無理な話だったのでしょう。また、体育館でやれるような仕事ではないので、単に〝見世物《みせもの》〟として行ったのだと思います。

会社の経営においても、下手《へた》な経営者というか、初級レベルの経営者は、不況が来て、会社が赤字になったり、利益が減ったりすると、まずは経費削減《さくげん》を行います。

これ自体は、間違っていることではありません。「ローコスト経営」はよいことであり、経費削減をすると、一時的には効果がかなりあるのですが、それを長く続けていくと、将来に向けた会社の発展性は失われていきます。

要するに、経費を削っていくと、一時期、利益が出るように見えるのですが、経費削減を続けていくうちに、売上も減ってき始め、会社がだんだん小さくなり、縮んでいくのです。

無駄遣《づか》いをしているところを削ると、その分の出費が減るので、一時的には赤字が小さくなったり、黒字が出たりすることがあるのですが、それは長くは続きません。

短期間なら、経費削減をやってもよいのですが、そのあとは、やはり、「利益を生むシステム」をつくり出していかなくてはならないのです。それを知っていなければいけません。

〝メシの種〟を探し続け、高収益体質をつくる

いろいろな冗費《じょうひ》を削るのは大事なことであり、心掛《こころが》けてよいことなのですが、そうは言っても、いちばん大事なことは、「どうやって高収益体質をつくっていくか」ということであり、それを心掛けていかなければならないのです。

高収益体質をつくっていくために必要なことは、卑俗《ひぞく》な言葉というか、日常的な言葉で言えば、「〝メシの種〟を探し続ける」という作業です。社長以下、一般《いっぱん》の社員までもが、それを徹底《てってい》していることが大事です。

「どうすれば、全員が食べていけるか。明日《あした》の収入源、あるいは今年や来年の

収入源になる仕事は何か」ということを考え、〝メシの種〟を探し続けることが大事ですし、それで増収・増益を図《はか》っていくのが基本路線でなくてはなりません。その途中《とちゅう》で、削減すべき経費は削減してもよいのですが、そちらに目が行きすぎると、二、三年以内に屋台骨《やたいぼね》がガサッと崩《くず》れることがあるので、気をつけたほうがよいのです。

経費削減を行うと、短期的には効果が出ます。例えば、リストラをして人を削ると、短期的には、「固定費が減って助かった」と思うわけです。

ところが、必要な人材までいなくなってしまい、景気が回復したときに、事業を拡張しようとしても、もう人がいなくてそれができず、やがて会社が潰《つぶ》れてしまうことがあるのです。

そういうときには、他の人が考えないようなことを考えて、「新たな付加価値」を生み出す人が必要なのです。

〈経営リーダーの要諦⑫〉

高収益体質をつくっていくために必要なことは、「〝メシの種〟を探し続ける」という作業です。社長以下、一般《いっぱん》の社員までもが、それを徹底《てってい》していることが大事です。

その付加価値を生み出すには、基本的に間接的な努力が大事です。いろいろなことを勉強したり、情報を数多く集めたりする努力を普段から行い、関心を広げていくことや、ターゲットというか、目標がはっきりしたら、それに向けて直接的な努力をきちんと行うことが大事なのです。

通常の努力を当然やりながら、そのなかから、ほかの人がやらないことや考えないようなことを、考えつかなくてはならないのです。

4 「新時代のヘソ曲がり」こそ、信念の人

「異質なものの組み合わせ」が付加価値を生む

『創造の法』には、写真が幾《いく》つか載《の》っており、第3章「クリエイティブに生きる」の章扉《しょうとびら》には、内部の歯車が見える腕《うで》時計の写真が載っています。この第3章のサブタイトルは「未来を拓《ひら》く逆発想のすすめ」です。

ここでは、「時計は、通常、内部の歯車などが外から見えないようにし、文字盤《ばん》だけが見えるようにつくるものだが、歯車の部分を外から見えるようにし、それをデザイン化した時計は、『スケルトン（骸骨《がいこつ》）』と言われ、けっこう高い値段で売れる」ということを述べています。

そのように、「『内側に隠《かく》しておくものだ』と思っていたものを、表側に出す」という努力をしただけでも、新発想になるのです。

「隠すべきもの」と思われていた、機械の部分を見せるのは、恥《は》ずかしいことでしょう。従来、「時計の歯車の部分は〝裏方〟であって、針が動いているところだけを見せるのが時計である」と思われていたからです。

ところが、「内部の機械のところを見せ、それにデザイン性を持たせる」という新発想によって、値段の高い時計をつくること、高収益を生むことになるのです。

そして、それをいち早く売り出し、先発として、後発のものを引き離《はな》すことが

『創造の法』第3章「クリエイティブに生きる」の章扉に掲載されている腕時計の写真。

できれば、その分、会社は増収・増益になるわけです。

時計の話ばかりで恐縮《きょうしゅく》ですが、私は、つまみを引くと音が鳴り、音で時刻が分かる腕時計を持っています。

例えば、最初に一回、「チリン」という音が鳴ると、これは「一時」を示しています。そのあと、「チリン、チリン、チリン」と音が鳴れば、これは、分《ふん》を表していて、一つの音が「十五分」に当たります。

なぜ、こういう時計があるかというと、例えば、映画館などの暗い場所で時刻を知るためです。針に蛍光塗料《けいこうとりょう》を塗《ぬ》ってある時計もあるので、それを見る人もいますが、映画館のなかで、「この映画は、まだ終わらないのかな」と思い、焦《あせ》ったりしたときに、つまみを引いて音を聴《き》いたら、そのときの時刻がだいたい分かるのです。

また、車を運転しているときでも、つまみを引けば、何時何分かが分かります。

人と面談しているときには、時計を見たら失礼に当たるので、つまみを引いてみて、音が鳴ったら、自分にだけは時刻が分かります。そして、「何の音だろうね？」と言い、知らん顔をしていればよいのです。

あるいは、トンネルのなかや、夜、外を歩いているときにも分かります。

このように、「文字盤だけではなく、音でも時刻を知らせる」という機能を付けると、これで途端《とたん》に時計の値段が大きく跳《は》ね上がるわけです。

こういうものをバカにしてはいけません。これでも、けっこう異質な組み合わせなのです。

この時計の原型はどこにあるかと言えば、柱時計です。

柱時計は、ボーン、ボーンと夜中でも鳴るので、私の子供のころには、「あの音が気になって眠《ねむ》れない」という受験生はたくさんいました。

当時、私の兄は、自分の同級生が「柱時計の音が気になって、夜眠れない」と言っているのを聞き、「それは精神修養が足りないのだ」と言って説教をしていました。それを私は記憶《きおく》しています。

そのように、時計から音が出ると、邪魔《じゃま》になることもあるのですが、「自分が時刻を知りたいときにだけ音が出る」という仕組みの時計をつくると、高く売ることができるのです。

これは、「異質なものの組み合わせ」ですし、「逆発想」でもあります。

昔あった柱時計は消えていき、音が出ない時計に替《か》わりましたが、いったん消えた、音の出る時計が、別のかたちで出てくると、今度は、それが付加価値を生み、高い値段の時計として売ることができるようになるのです。

したがって、アイデアというものも、もう一度、見直してみる必要があるのです。

新しい発明は「逆発想」から生まれる

ファッションの鉄則は、とにかく「逆発想」です。

それは、「長いスカートを流行《はや》らせたら、次に、短いものを流行らせ、白が流行ったら、黒を流行らせ、黒が流行ったら、赤を流行らせ、赤が流行ったら、緑を流行らせる」というようなことです。

ファッション・リーダーが、そういう新しい仕掛《しか》けをつくり、世間《せけん》が「右にならえ」で一斉《いっせい》に買い出すと、大量の需要《じゅよう》が生み出されるのです。

そのように、「発想を変えてみる」ということが大事です。どの仕事でもおそらくそうだと思いますが、業種にかかわらず、基本類型は同じなのです。

「長いものは短くできないか。短いものは長くできないか。厚いものは薄《うす》くできないか。薄いものは厚くできないか。縦のものは横にできないか。重いものは軽くできないか。軽いものは重くできないか」というように、まず、「逆にできないか」という発想をしてみると、それだけで、新しい発明が生まれることは数多くあります。

例えば、壁掛《かべか》けテレビ等の薄型のテレビがそうです。

昔のテレビは本当に重く、一人ではとても持って動かすことができず、苦労しました。当時、「テレビの厚さは、どうにもならないのです」と電器屋さんは言っていたのですが、今は薄いテレビに替わりました。

また、テレビやコンピュータの機能を携帯《けいたい》電話が持つようになり、競争が生じているので、先行きがどのようになるか、分からない時代になりました。

すでにあるものや考え方について、「発想を引っ繰《く》り返してみたら、いったい、どのようになるか」ということにトライしてみることが非常に大事なのです。

「政教分離《ぶんり》」は普遍《ふへん》の真理ではない

当会は「幸福実現党」という政党をつくっています。

従来、「宗教と政治は分離《ぶんり》すべきだ」と言われていましたし、すでに一つある宗教政党も、建前《たてまえ》上は、いちおう「政教分離」を表明せざるをえませんでした。

しかし、考えてみれば、どうして政治と宗教を分離しなければいけないのでしょうか。

宗教は神を信じるものです。神は、この世の人間を治める政治には関心がないのでしょうか。そんなことはないでしょう。やはり、神は、この世の人間が幸福に暮らしていけるように、いつも考えているのではないでしょうか。

本来、政治の機能が宗教から離れていることのほうが、普通《ふつう》ではないことなのではないでしょうか。宗教と政治を分けて考えることは、別に普遍《ふへん》の真理ではないはずです。「結果責任」はあるかもしれませんが、宗教が政治の世界に入って、いったい何が悪いのでしょうか。

そういう考え方もあるわけです。

したがって、幸福実現党は、開き直って、「宗教が政治をやって何が悪い」という感じになっていますし、これから、ゆっくりと世に認められていくところです。

「やめること」や「捨てること」も新発見への道

このように、誰《だれ》もが「当然だ」と思い込《こ》んでいるものについて、それを破壊《はかい》していくのは大事なことだと思います。

そして、「逆」をやってみることも大事です。

そういう意味では、『創造の法』に書いてあるように、よい意味で、「新時代のヘソ曲がり」がたくさん出なくては駄目《だめ》だと思います。「新時代のヘソ曲がり」こそ、信念の人なのです。

常識を守りすぎている人は、すでに古くなっていて、「これは、こうなのだ」と決めつけています。

しかし、何度も繰り返し先輩《せんぱい》から後輩に教えられているものだと、だいたい古くなっていることが多く、「では、なぜ、そうするのですか」と訊《き》くと、「分からないけど、とにかく、こうなっている」としか答えられないことが多いのです。

私は、「ヴィクトリア女王 世紀の愛」という映画を観《み》たことがあります。

その映画には、「バッキンガム宮殿《きゅうでん》では、窓の内側と外側は、管轄《かんかつ》している役所が違《ちが》うので、同時には拭《ふ》けない」というようなことを言うシーンがあり、私はあきれてしまいました。

まさに、「役所仕事の原点、ここにあり」という感じです。「窓の内と外では管轄の役所が違う」というのは、まるで笑い話のようですが、えてして、そのようになるものなのです。

いったんつくった仕組みは、そのあと、なかなか廃止《はいし》できません。それを廃止するのは大変なのです。「なぜ、そうなったか」という理由を忘れてしまうので、いったんできたものを、とりあえず、ずっと続けてしまうことが、よくあるわけです。

ですから、イノベーションのもう一つの方法というか、新発見や創造への道は、「すでにあるものをやめてしまう」ということです。「かたちがあるものを、いったん捨ててしまう」ということも、新しい発見につながることがあるのです。「新しいものを見いだす」ということも大事ですが、「やめてしまう」ということも一つの方法なのです。そのことを知っておいたほうがよいのです。

〈経営リーダーの要諦⑬〉

「かたちがあるものを、いったん捨ててしまう」ことも、新しい発見につながることがあるのです。

「新しい価値」の創造の原点とは

そういう「体系的廃棄《はいき》」と、もう一つ、前述した「異質なものの結合」が、「新しい価値」の創造の原点です。

異質なものを統合していくことができれば、「新しい価値」をつくり出すことができます。

例えば、宗教行事のときには、よく音楽が演奏されます。歴史的に見れば、音楽のなかでは宗教音楽が最高のものです。「宗教と音楽は別のものだ」と思うかもしれませんが、実は、宗教音楽がレベル的には最高なのです。

いくらマイケル・ジャクソンが有名であったとしても、「Thriller《スリラー》」という、墓《はか》場《ば》からゾンビが出てきて踊《おど》るような音楽は、それほど高級なものではないでしょう（注。マイケル・ジャクソン自身は、死後、高級霊《こうきゅうれい》の世界に還《かえ》っており、彼の霊言《れいげん》も収録されている。『マイケル・イズ・ヒア！』（幸福の科学出版刊）参照）。

宗教では、ああいうものは〝ご法度《はっと》〟で、もう少し聖なる音楽が要求されてきます。それが芸術的なものとしては最高のものになるわけです。

さまざまなことを述べてきましたが、一度、考え方を洗い直し、気を引き締《し》め、新しい時代の創造に向けて、多くの人たちの力を結集していきたいと思います。

そのためには、「日ごろから継続《けいぞく》的な努力をしつつも、目の前にある目標の達成に向けて、全力でダッシュする」ということを怠《おこた》らないように頑張《がんば》っていただきたいと思います。

以上が「新価値創造法」の概論《がいろん》です。

第5章　逆境経営法

――トップが変わらねば事業は発展しない

二〇一〇年十二月十二日　説法《せっぽう》

東京都・幸福の科学　東京正心館《しょうしんかん》にて

1 指導者としての「厳しさ」とは

「幸福の科学の経営論」が起こす奇跡《きせき》

本章では、『未来創造のマネジメント』（幸福の科学出版刊）をテキストとしつつ、「逆境経営法」というタイトルで、経営論について述べます。今、経営について述べておかなくてはいけないことが、本当はたくさんあると思います。

当教団においては、「病《やまい》が治る」など、さまざまな奇跡《きせき》が起きていますが、ある意味で、「傾《かたむ》いている会社、潰《つぶ》れかかっている会社が、この『未来創造のマネジメ

『未来創造のマネジメント』
（幸福の科学出版刊）

ント』のような経営論を読むことによって、あるいは、そうした講義を聴《き》くことによって、立ち直り、また高収益企業《きぎょう》になり、発展への道に入る」ということも、実は大きな大きな奇跡なのです。

もちろん、「病気が治る」ということも大事なことでしょう。しかし、会社も一つの〝生命体〟ですので、「死にかかっている、法人としての〝生命体〟が生き返る」というようなことがあれば、これは「奇跡」と言ってよいと思います。その意味で、幸福の科学は宗教ではあるものの、事業経営、マネジメント等へのアドバイスも、その射程のなかに入っていると私は考えています。

おそらく、当会の経営書一冊のなかには、自分の会社にとって、幾《いく》つかのヒントが入っていることでしょう。したがって、今、自分の会社が危機に立ち至っているならば、そうしたものを参考にしつつ、そこから立ち直るヒントを得ていただければ幸いです。

特に、経営者というのは、知識と経験を必要とする立場ですので、「知らない」ということが言い訳にならないことは多いのです。「知っていればごく容易に解決できる問題を、知らないために延々と心労する」というようなことが多く、その期間が長ければ長いほど、部下や従業員の多くの人たちを、迷わせたり苦しませたりすることもありえるわけです。そのため、「知らない」ということが言い訳になりません。

その意味において、「経営者には、日々の学習が求められる」ということが言えると思うのです。

指導者の成長過程を描いた映画「SPACE《スペース》 BATTLESHIP《バトルシップ》 ヤマト」

『未来創造のマネジメント』の論点は多岐《たき》にわたっているので、絞《しぼ》らないと話をするのは難しいかと思います。

ただ、本書の読者には、大企業の経営層から、中小企業の経営層、また、個人企業の経営層、および、「これから経営者を目指したい」という人や、そうした若者まで入っているでしょう。したがって、話としては、なかなかフォーカスしにくいものがあるのですが、一部分は理解してもらわないと困りますので、簡単なたとえ話から入っていこうと思います。

当会が映画をつくっている関係上、私は、いろいろな人気のある映画等を観《み》てはいます。これは言い訳で、本当は〝遊び〟も入っているのかもしれませんが（笑）（会場笑）、確かに仕事であることも事実で、両方、関係してはいるのです。

二〇一〇年には、木村拓哉《きむらたくや》さん主演による、「宇宙戦艦《せんかん》ヤマト」の実写版映画（「SPACE BATTLESHIP《スペースバトルシップ》 ヤマト」）が公開されましたが、当時、私はすぐに観に行きました。みなさんが勤勉に働いているところ、まことに申し訳ないことながら、初日から観に行っていたのです（会場笑）（笑）。

ただし、私の場合、ただ映画を観に行くなどということはありません。たいていの場合、総合本部で説法《せっぽう》などをしたあとの〝ボケボケ頭〟の癒《い》やしと勉強を兼《か》ねていることが多いのです。

それに、映画「SPACE BATTLESHIP ヤマト」は、ずばり経営論ではないものの、経営論の側面の一つとも言うべき指導者論として、「指導者のあるべき姿」というものが描《えが》かれていたように思われます。

その映画館には、子供ばかりではなくて、けっこうな年齢《ねんれい》の人も観に来ていたので、そうした人たちに参考になるものもあったのかもしれません。いずれにしても、この映画のなかには、木村拓哉主演の「古代進《こだいすすむ》」という人物が、指導者として成長していく過程がコンパクトに描かれている面があり、私はそこに注目したのです。

「非情な指導者」に反発していた若き主人公

映画の筋書《すじが》きについては、若い人は知らない人もいるかもしれませんが、年配の人は、昔も流行《はや》ったので、若いころに観たりして、知っている人も多いでしょう。

未来の二一九九年、地球は、他の星からいろいろと攻撃《こうげき》を受けて、乗っ取られようとしていました。遊星爆弾《ゆうせいばくだん》で攻撃された地上は放射能で汚染《おせん》されており、地球を護《まも》る防衛軍がほとんど壊滅《かいめつ》状態になっていたのです。そのような状態から、映画は始まります。

当時、残された宇宙艦隊の旗艦の艦長で、新撰組《しんせんぐみ》にも同じ名前のある「沖田《おきた》」という人が火星での戦いに敗れ、地球に逃《に》げ帰るのですが、そのときに、主人公の古代進の兄の古代守《まもる》が、「われわれが敵の攻撃の盾《たて》になって護ります」と言って、自分たちの船を盾にして、沖田艦長を護ったのです。

古代守が艦長をしていたのは「ゆきかぜ」という宇宙駆逐艦《くちくかん》です。これは、第二次大戦のときに実在し、大和《やまと》が沈《しず》んだときにも随行《ずいこう》し、一度も沈まなかった駆逐艦「雪風」がモデルでしょう。古代守はそれと同じ名前の宇宙駆逐艦を盾にして沖田艦長を護り、地球に戻《もど》したのです。そのため、沖田艦長は、非常につらい思いをしましたが、「地球を護るべき使命が残っているので、帰らなくてはいけない」と思って、地球に帰ったわけです。

そして、「最後の賭《か》けとして、宇宙戦艦ヤマトが出動する」というシーンになります。そのとき、キムタクが演じる古代進は、すでに一回、除隊していて、レアメタルの廃品《はいひん》回収をしているような民間人になっていたのですが、ヤマトが出るということで、また入隊して戻ってくるのです。

それで、自分の兄を見捨てて帰ってきた沖田艦長のところに採用されるのですが、最初は非常に反発心を持っていました。「なぜ兄を見殺しにしたんだ。兄を盾にして逃げ帰るとは、指導者として卑怯《ひきょう》じゃないか」というようなことを思っていたわけです。

その沖田艦長も、病に冒《おか》されていて、再び地球に帰る途中《とちゅう》に艦内で亡《な》くなるのですが、「体が悪い」ということで、古代進を若いにもかかわらず艦長代理に任命することになります。

この映画には、そうした状況《じょうきょう》のなか、古代進がいろいろな危機に遭遇《そうぐう》して、だんだんに〝変心〟していくところが描かれているのです。

指導者になるにつれて「非情」な判断もせざるをえなくなる

最初のころの古代進は、後《のち》に恋人《こいびと》になる人（森雪《もりゆき》）が迎撃機《げいげきき》で宇宙戦艦ヤマトから出ていって敵軍と戦った際、エンジンの損傷から酸欠になり、宇宙空間で浮《ふ》揚《よう》しているような状態になったときに、本当は見捨てなくてはいけないようなシチュエーションにもかかわらず、自《みずか》ら小型機に乗って出撃しました。そして、助けて帰ってくるような芸当をしてみせ、人情味《にんじょうみ》のあるところを見せたりします。「沖田艦長とは違《ちが》って、自分は人情味のある人間だ」というように思っているわけです。

ところが、古代進は、次第《しだい》に戦局が進み、艦長代理としての仕事を務めるにつれて、変わっていくのです。

例えば、その次には、ヤマトが敵のいろいろな攻撃を受けているなかで、いつの間にか来ていたステルス機というか、レーダーに映らない攻撃機に、時限爆弾のようなかたちで第三艦橋にへばりつかれてしまい、まもなくそれが爆発して、やられそうになるというシチュエーションが出てきます。

実は、そのとき、第三艦橋には、古代進の友人たち数名が閉《と》じ込《こ》められて、

「助けてくれ」と言っていたため、「これから救出に向かう」と彼らに言っていたところでした。ところが、そうした時限爆弾が付いたステルス機に吸着《きゅうちゃく》されるという状態になってしまったわけです。

ただ、今度は、以前助けた森雪が艦載機《かんさいき》で外へ出ていたので、彼女に、艦長代理である古代進は、「ミサイルを撃《う》って、第三艦橋をヤマトから切り離《はな》せ！」という命令を出します。彼女は「エッ、本当にいいんですか」という感じになるのですが、古代進は「やれ！」という命令を出して、切り離すのです。

もちろん、第三艦橋は、ヤマトから切り離された瞬間《しゅんかん》、爆発して数名が亡くなります。しかし、ヤマト本体を護るために、そこを切り離して、爆破してしまうのです。

そのように、「すべての責任は自分にあるから」ということで、部下に考えさせずに命令を出さなければいけない状況になって、古代の「考え方」が変わってくるわけです。以前は「一人の命でも護る」と言っていたのが、今度は、「ヤマト本体を護るためには、たとえ友人がいたとしても、見殺しにして、そこを切り離す」というようなことをやっていきます。だんだん、沖田艦長がやってきたことと、似たことが起きてくるわけです。

さらに、判断に迷うようなところで決断するシーンもありました。「いきなり敵襲《てきしゅう》を受けて、もう逃げ切れない。敵のミサイルがたくさん撃ち込まれて、逃げ切れない」というときに、宇宙空間を瞬間移動する「ワープ」をかけるのですが、普通《ふつう》、ワープするときには、移動先に衝突《しょうとつ》するような物体がないかどうかを調べてから行うものです。

ところが、その暇《ひま》もないということで、「ワープせよ！」という命令を出します。もちろん、技師のほうは、「まだ、調査が終わっていないので、ワープしていいかどうかは分かりません」というように言っているのですが、「いや。やれ！」という命令を出すのです。

要するに、このまま行けば、ミサイルに当たって終わりになるのは分かっているので、やはり、「勝ち目の多いほうに賭《か》ける。少なくとも、衝突しない所に出られる可能性はあるのだから」と考え、迷わず「ワープ」をかけたわけです。その結果、古代進は、その賭けに勝って、ヤマトは何かにぶつかることもなく、危機から逃げ出すことができたというようなこともありました。

指導者としての「最後の責任の果たし方」

そもそも宇宙戦艦ヤマトは、イスカンダルという星から地球に送られてきた通信カプセルで、「イスカンダルという星を指し示す座標」と、「そこに放射能除去装置があるという情報」等を受け取ったため、汚染されて真っ赤になってきている地球の放射能を除去する装置をもらいに、イスカンダルへ行くわけです。ところが、現実には、そこは地球を攻撃しているガミラスと表裏一体《ひょうりいったい》の星であり、裏側は自分たちを攻撃していたほうの勢力だったことが分かるのです。

ともあれ、古代たちは、イスカンダルから届いた座標が指し示している所まで攻《せ》め込んでいって、放射能除去装置を手に入れ、敵の中心部分を破壊して帰ってくることができました。

ちなみに、この放射能除去装置には、少し秘密があり、古代の恋人が関係していたのですが、そのときにも、自分の友人や先輩《せんぱい》等、一緒《いっしょ》に突入していった仲間から、「自分たちが食い止めるから、その間に逃げろ。恋人を連れて、とにかくヤマトに帰れ」というようなことを言われて、先輩や友人を見殺しにするかたちになってしまいます。

かつて、自分の兄が見殺しにされましたが、やはり、古代進も、「自分らが食い止めるから行け。ヤマトに帰れ！」というようなことを言われて、その人たちを見捨てて、ヤマトに帰っていくわけです。

その後、ヤマトは、もはや真っ赤になってきている地球の放射能を除去し、緑なす元の地球に戻すために、放射能除去装置を地球に届けようと、一隻《せき》で地球のそばまでワープします。

すると、そのとき、いきなり敵の巨大《きょだい》戦艦が出現し、ヤマトを激しく攻撃してきたあと、なかから現れた巨大ミサイルが地球に向けて進み始めたのです。ところが、すでに、ヤマトは敵の攻撃をたくさん受けて、ミサイルをぶつけられており、不発ではあったものの、波動砲《はどうほう》を出す艦首の砲口《ほうこう》がふさがってしまっていました。それを取り除けないために、波動砲が安全に撃てない状況になったのです。

エネルギー的には、あと一度は撃てるのですが、このまま撃つと、自爆してしまうというシチュエーションが、地球の見える所にまで来て、最後に出てきました。

そこで、古代進は、「ただちに総員、ヤマトより退去せよ」という命令を出して、放射能除去装置と関係している森雪を含《ふく》め、全員に退艦させます。そして、別の船で地球に辿《たど》り着くようにさせて、自分一人だけが最後に残り、敵のミサイルに突進して波動砲を使うのです。

そして、エンドロールとともに、「その数年後の地球に、緑なす大地が戻っている」というようなシーンが出てくるわけです。

2　トップは変わっていかねばならない

指導者は徐々《じょじょ》に脱皮《だっぴ》しつつ「厳しい判断」を迫《せま》られる

そのように、この映画には、指導者としての厳しさや成長が描《えが》かれていて、なかなか見せるものがあったかなと思うのですが、私の著書『未来創造のマネジメント』を読んでいると、本当に似たようなシーンに、ずいぶんぶつかります。

やはり、最初は、人に対する思いやりや優《やさ》しさ、人気などがないようであっては、事業をやっても、発展・繁栄《はんえい》するようなことはあまりありません。そもそも、人気があって、大勢の人から好評を博《はく》するようなものが何かできなければ、事業というのは成り立たないのです。

ただし、会社を大きくしていくときには、指導者がだんだん、だんだん、〝脱《だっ》皮《ぴ》〟していかなければいけない瞬間《しゅんかん》が出てきます。そのなかに、やはり、「厳しさ」というものが目覚めてくるようになるわけです。

宇宙戦艦《せんかん》ヤマトの映画で言えば、前述したように、最初、古代進《こだいすすむ》は、危険を冒《おか》してでも、わざわざ一人の女性を救いに行くようなことをして、営倉入《えいそうい》りになります。つまり、軍律に違反《いはん》して、ヤマトのなかの刑務所《けいむしょ》、拘置所《こうちしょ》に当たるような所に入れられたりしていたわけです。

ところが、だんだん状況《じょうきょう》が厳しくなってきて、沖田《おきた》艦長と同じようになってくるところが描かれていました。だいたい、成長してくると、最初のアットホームな感じから、次第《しだい》しだいに厳しさが出てくるようになってきて、「物事の大小を見分ける」ということが非常に大事になってくるのです。

もちろん、「何を先にし、何をあとにするか」という優先順位をつけるのは非常に難しいことでしょう。これに対して、非情になるだけではなくて、やはり、「何が正しいか」ということを考えて、決めなければいけなくなるわけです。

例えば、国家の予算であってもそうです。「何にお金をかけるか」ということについては、総花的《そうばな》にばら撒《ま》くようなことをしていたところから、だんだんに、「将来、この日本という国を生かすためには、どこにお金を入れるべきか」という、厳しい判断を迫《せま》られるようになってくるでしょう。そうした厳しさが出てこなければ、やはり、指導者としては駄目《だめ》だろうと思います。

したがって、「何を捨てるか」という判断も出てくるわけです。こうした考え方が出てこないと、結局、お人好《よ》しの経営者で、会社を潰《つぶ》してしまうことになるでしょう。

この点について、『未来創造のマネジメント』には、次のように書かれています。

「トップは、ある人の仕事が無能レベルに入ったと思うならば、その人をそこに置いておいてはいけません。会社を辞《や》めてもらうか、その人の現在の能力に合った部署に異動させなくてはならないのです。

それを断行できなければ、その人の部下たちが、みな、〝死んで〟しまいます。全然、やる気がなくなり、駄目になってしまうのです。

したがって、ある人が、『無能レベルに達した』と思ったならば、やはり、その人に辞めてもらうか、その人の能力に合ったところに異動させるか、このどちらかを、勇気を持って断行しなければなりません」（六十七ページ）

経営をした人でなければ分からない「考え方を変える必要性」

ただし、これは、実際に経営をしたことがない人にとっては分からないことかもしれません。

私もいろいろとやってきて、楽しかったというか、自分の思ったようにできたのは、職員が五十人から三百人ぐらいまでの間のときでした。そのくらいまでは、かなり自分の考えで自由にできたところがあったのですが、三百人を超《こ》えたあたりからは、なかなかそうはいかなくなってきました。自分の私心を離《はな》れて、「どうするべきか」ということを考えなければいけなくなってきたのです。

例えば、一緒《いっしょ》にやってきた仲間で、あるときに非常に役に立った人、活躍《かつやく》した人であっても、だんだん規模が大きくなってきて、一定の限度を超えると、急に、「無能レベルになる」と言っては失礼かもしれませんが、役に立たなくなることがあるわけです。

過去の二十数年間を振《ふ》り返ったとき、あるときに役に立った人に、別の部署に移ってもらうなり、降格してもらうなり、辞めてもらうなりしなければいけないことがずいぶんあって、そういうときがいちばんつらい時期でした。それは、本当につらいつらい時期ですが、それをやらなければ、企業《きぎょう》としては、あるいは、組織としては、もう発展しなくなるのです。

結局、あとから入ってきた人や、若い人たちのなかに、能力のある人がいるにもかかわらず、その人たちの「上」の人が、能力がもう伸《の》びない状況にあって、昔のやり方にこだわっていると、それ以上、組織を大きくできないことが、はっきり分かってきます。つまり、「上」のほうを護《まも》ると、今度は、やる気があって能力のある人たち、新しく夢を持って入ってきた人たちが、次々に辞めるようになってくるのです。そのあたりで、経営者には、試《ため》されるときが来るでしょう。

もちろん、アットホームな経営も非常によくて、それを愛している場合には、それはそれで、そのままやっていってもよいかもしれません。

しかし、一種の天命《てんめい》のようなものがあり、意に反して、どんどん成長していくこともあります。それは、もうそれだけでも恵《めぐ》まれたことではありましょうが、なかなか、そう大きくはならないものです。

普通《ふつう》は会社を起こしても、年商一億円の壁《かべ》がなかなかそう簡単には破れません。また、一億円の壁を破っても、次は五億円の壁がそう簡単には破れないし、五億円の壁を破っても、十億円の壁がそう簡単には破れないのです。さらに、十億円の壁を破っても、五十億円の壁があって、そう簡単には破れないし、次は百億円の壁があります。

そうした壁を破るためには、やはり、トップ自身が変わらなければ駄目なのです。その考え方や判断の仕方、会社の仕組みを変えていかないかぎりは、うまくいきません。結局、従業員の責任ではなくて、ほとんどトップ一人の問題であることが多いのです。

大部分はそこまで行かずに終わることが多いものの、実際、発展するということのなかには、その裏表の両方があるため、厳しい面はあるわけです。

〈経営リーダーの要諦⑭〉

壁《かべ》を破るためには、やはり、トップ自身が変わらなければ駄目《だめ》なのです。

その考え方や判断の仕方、会社の仕組みを変えていかないかぎりは、うまくいきません。

結局、従業員の責任ではなくて、ほとんどトップ一人の問題であることが多いのです。

3　成功体験を「捨てる」

かつての評判商品を捨てることができるか

また、事業内容でも、自分たちが最初からやっていて、非常に人気があり、「当社の看板だ」と思っていたようなものを捨て、違《ちが》うものをやらなくてはいけない時期が来ます。

そうなると、昔の評判商品に執着《しゅうちゃく》している人たちは、当然、反対するでしょう。反対の大合唱で、「絶対残さなくては駄目《だめ》だ」と言うのでしょうが、やはり、「時代が変わった」と見て、捨てなくてはいけない時期が来ることもあるのです。それは、非常に苦しいことであって、やや自己破壊《はかい》に近いのかもしれません。

しかし、例えばトヨタで言うと、いつまでも自動織機《しょっき》だけをつくっていたら大変なことになっていたのではないでしょうか。

やはり、「トヨタが自動車会社になるなんてことはありえない。佐吉《さきち》先生の精神から見たら、こんな四輪車なんて、考えてもいないはずだ。自動織機だ。機織《はたお》りをやらなきゃいけない」という考えを捨てなくてはいけない時期が来ます。そういうことに固執《こしつ》していたら駄目であって、変えるべき時期が来たら、捨てなくてはいけません。

本日のテキストである『未来創造のマネジメント』にも書きましたが、アメリカで言えば、同じく自動車会社であるフォードが参考になるでしょう。

創業者のヘンリー・フォードは、「T型フォード」という自動車の大成功で大《だい》富豪《ふごう》になりました。これは、フォード自身が、「従業員の給料、一般《いっぱん》のサラリーマンの給料で車が買えるようにしたい」という願いを持って取り組んだ結果です。

彼は、「そのためには大量生産しかない。同じ規格で大量生産をすれば、物は当然安くなる。そうすることで、従業員の給料で買えるようにするんだ」と考えたわけです。

これも一つの発明だったとは思うし、それで巨富《きょふ》をなしたことも事実ではありましょう。

しかし、大量生産の結果、「街《まち》を走る車が全部真っ黒なフォードばかり」というのは、恐《おそ》ろしい風景かもしれません。要するに、ナンバープレート以外は何も変わらないわけです。

そうなると、当然ながらライバルが出てきます。人々は、違う色の車や、違う形の車が欲《ほ》しくなってくるからです。ところが、そうしたものをつくった場合、コストが高くつくので、フォードとしては手を出しません。「従業員の給料でも買える車」というコンセプトを守るかぎりはつくれないのです。これに対して、ライバルが出てきました。

例えば、新車ではできなくても、一年後ぐらいには中古車市場があって、値段が下がっているでしょう。そのときに人々は、多様なもの、自分の好きなものを買い求めることがあります。つまり、新車では値段が下がらないけれども、中古車であれば安いので、一年後であっても、黒色とは違う、黄色や赤色、青色などの車に乗ってみたい人はたくさんいるわけです。

ライバルが、そういう多様性のところを狙《ねら》って攻《せ》めてきたら、フォードは敗れることになりました。

やはり、人間の自由性からすれば、個性に合ったものが欲しいために、「多様性」を求めるでしょう。そういう意味で、「給料で買える車」というコンセプトは、その時点ではよかったのでしょうけれども、いずれ敗れる運命にはあったと思います。成功した要因が失敗の要因に変わってしまうことがあるわけで、勝利者を敗る方法はあるということです。

この場合であれば、「『ほかの車にも乗りたい』というニーズがあるが、それに応《こた》えようとすると、製造コストが高くなるためにできない。この矛盾《むじゅん》するものを、どうやって切り抜《ぬ》けるか」ということになります。それを考えついた人が次の勝利者になっていくわけです。

また、弱い場合には、中古市場に目をつけて、まずそこで勝ってから新車市場に入ってくるという手があります。このようにして入ってくる方法もあるのです。

現在の「成功の要因」が、「失敗の要因」へと変わることがある

やはり、創造的な仕事では、本当に、昨日《きのう》までの成功、あるいは、今日《きょう》までの成功を捨てなくてはいけなくなります。そして、明日《あす》からの成功を考え、新しいものをつくり出すことに情熱を燃やし続けなければいけないのです。「今、成功

しているからといって、それにあぐらをかいていたら、明日は失敗が待っている。次の失敗がやってくる」ということを知らなければなりません。

そういう意味で、いろいろな業界でもてはやされているところは、だいたい「次は危ない」と見てよいでしょう。

例えば、ユニクロは、ここしばらく大成功してきました。ただ、別に気に入らないわけでも、憎《にく》らしいわけでも何でもないのですが、私は『未来創造のマネジメント』のなかで、ユニクロについて、「いずれ危ないですよ」というようなことを、丸括弧《かっこ》付きでチラッと書いたのです。

確かに、当初は、中国の人件費が日本の十分の一以下だったかもしれません。中国が「世界の工場」としてうまくいっていたときには、現地に生産工場を置き、安く仕入れて、よそが五千円、三千円で売っているものを、千円で売れば、勝てたわけです。しかし、中国においてもいずれ賃金が上がっていくのは確実でしょう。生活レベルが上がっていけば、賃金も上がってきます。そのため、「いずれ苦しくなるだろう」というようなことは読めるのです。

また、カントリーリスクも出てくるなど、思うようにならなくなってくることもあるでしょう。ユニクロも、今、中国以外に国を散らそうとし始めてはいますが、昨日（二〇一〇年十二月十一日）の夕刊を読むと、中国の消費者物価指数の上昇率《じょうしょうりつ》は五パーセントを超《こ》えたそうなので、いよいよインフレがやってくるかもしれない状況《じょうきょう》に入っています。続いて、物価高が襲《おそ》ってくれば、政府と民間との対立も大きくなってくるはずで、やはり、カントリーリスクは出てくるでしょう。

したがって、「あるときにうまくいっていたことが、うまくいかなくなることがある」ということを知らなければいけません。常に、自分に好都合《こうつごう》な風ばかりが吹《ふ》くわけではないのです。

それから、経営トップには、うぬぼれ屋が多いために、成功談に酔《よ》う気《け》はあるのですが、「成功している要因」そのものが、まさしく「次の失敗の要因」に変わっていくことがあります。その意味では、謙虚《けんきょ》でなければならないし、それと同時に、勉強熱心で、常に「次の危機」に備えておかねばならないのです。

例えば、自分の会社を見れば、とりあえず、従業員数や売上額の発展段階に合わせたものの考え方があるでしょう。そのとき、「同業他社で、自分の会社より少し規模の大きいところが、どのようになっていっているか」ということをよく観察すれば、自分のところの未来の姿が見えるわけです。そうやって、「考え方」を変えていく努力をしなければいけません。

〈経営リーダーの要諦⑮〉

「同業他社で、自分の会社より少し規模の大きいところが、どのようになっていっているか」ということをよく観察すれば、自分のところの未来の姿が見えるわけです。そうやって、「考え方」を変えていく努力をしなければいけません。

4　事業発展に伴《ともな》う「公的責任」

会社が経営者の自由にはならなくなってくる理由

さらには、大きくなっていけばいくほど、経営者として、最初は自分の自由になったものが自由にならなくなってくることがあります。そして、「公的な面」が出てくるのです。

もちろん、従業員数が増える、あるいは、売上数が増えるということは、日本経済全体に与《あた》える影響《えいきょう》が大きくなるということでしょう。しかし、日本経済への影響が大きくなるということは、当然ながら、他の会社との関係も生じてくるということでもあるのです。

そのため、上場企業《きぎょう》ぐらいになると、部長以上の人事が日経新聞に載《の》ったりします。それは、「その会社で、どういう人事が行われ、今後どういう方針になるか」「この人が部長になったなら、次はこうなるのではないか」ということを、ほかの会社に知らしめることになるからです。

つまり、公的になっていくのです。

やはり、民間会社でも、普通《ふつう》は「私《わたくし》」ですが、一定の大きさになれば、公的なものになります。例えば、株主に対する責任もあるため、人事についての責任も出てきて、必ずしもトップの思うようにならないことが起きてくるようになるのです。

私自身の感覚としても、職員数が五十人から三百人ぐらいまでは、かなり自由にできましたが、それからあとは、それほど自由にはいかなくなってきたように思います。

ただ、自分一人の力ではできなくなるため、ある程度任せなければいけないのですが、それぞれに癖《くせ》があるので、完全に放置したら駄目《だめ》になるのです。

したがって、基本的な方針等を出さなくてはいけないし、当然のことながら、人の長所を使おうとして一生懸命《いっしょうけんめい》に努力しなければいけません。ところが、人間は、長所と同時に短所も持っているため、長所を評価しても、裏表である短所の部分が一緒《いっしょ》に出てくることがあって、短所の影響があまり大きくなってき始めたら、やはり考え方を変えなくてはいけなくなります。その結果、今まで使えていた人が使えなくなることがあるわけです。

例えば、トップが好き嫌《きら》いのないタイプであっても、任せた部下にそれぞれ好き嫌いがあれば、「トップなら使えた人が、部下には使えない」ということが起きるでしょう。あるいは、トップなら絶対使わないような人であっても、自分にゴマをすってくれるタイプであれば、部下は引っ張ってくることもあるのです。

そういう意味では、必ずしも思うようにはいきません。そのへんの難しさには何とも言えないものがあります。

会社が大きくなることで生じる「社会への責任」

やはり、事業経営は、最初は自分のアイデアやひらめき等で自由自在にできるとしても、一定の規模になると、客観性を求めなくてはいけないでしょう。要するに、「この業界の、この業種の、この仕事において、こういうことは、客観的に妥当《だとう》かどうか」、あるいは、「社会に対する一定の責任が果たせるかどうか」というようなことを考えなければいけなくなるわけです。

例えば、英会話が流行《はや》って、ずいぶんいろいろな英会話学校ができていると思っていたのですが、NOVA《ノヴァ》のような最大手が倒産《とうさん》したこともありました。そこでは、まずはシェアを取ること、売上を伸《の》ばすことばかりを考えていたのでしょう。とにかく大きくなれば勝てると思っていたのかもしれませんが、経営がうまくいかなくなったら、英会話講師の給料が払《はら》えなくなって潰《つぶ》れます。駅前のいいところに教室を出し、「駅前留学」と言ってやっていたとしても、その分、当然家賃が高いので、経営能力がなければ潰れていくのです。

したがって、経営者としては、「ある程度の大きさになったら、会社を潰すということは罪悪なのだ」ということを知らなければいけません。従業員だけでなく、従業員の家族がいますし、また、関連する取引先など、いろいろなところに波及《はきゅう》、影響があるわけです。「『経営が破綻《はたん》する。会社が潰れる』ということは罪悪なのだ。一種の罪なのだ」ということを知らなくてはいけないし、その意味では、慎重《しんちょう》さを欠いてはならなくなってきます。

ライブドア事件は、なぜ起きたのか

また、それと同時に、「公私のけじめ」がだんだん必要になってくるのです。やはり、会社が大きくなるにつれて、公人としての自覚を深めなくてはいけません。

ただ、こうしたことは、教科書で教えてくれないのです。「公人として、どのように成長していくべきか」などということを教える教科書はないので、よく自覚して振《ふ》る舞《ま》わなくてはいけないようになってきます。

例えば、「会社が小さいときには自由にやれたのに、大きくなったらやってはいけない」ということがたくさん出てくるのです。しかし、「具体的に、どのくらいまでならよくて、どのくらいからいけなくなるか」などというのは教えてもらえるものではありません。「事件になってから分かる」というようなことも多いわけです。

ちなみに、『未来創造のマネジメント』のなかには、ライブドア事件の話も出てきますが、ライブドアは、若い人だけでやっていて、非常に成長率の高い会社だったのでしょう。ただ、「時価総額で一兆円を目指す」と言ったあたりから、そろそろ経済的な影響が大きくなってき始めていました。

そうなると、「経営者の人生観」や「ポリシー」といったものが、非常に社会に影響を与えてくるわけですが、そういうことに対して、少し考え方が甘《あま》いところがあったのではないでしょうか。やはり、経営担当能力がない人たち、あるいは、スペシャリストだけでやれると思っていたところに、「甘さ」があったのだろうと思います。

ところが、ライブドアがあんなことになった場合、同じころには、楽天《らくてん》も危ない状況《じょうきょう》にあったはずですが、あちらのほうは生き延びました。それは、おそらく、三木谷《みきたに》（浩史《ひろし》）さんの、社会人としての経験の部分を世間《せけん》から見られていたのかもしれません。彼は、「年寄りキラー」と言われており、財界の年を取った方に根回しをしたり、いろいろと相談に行ってアドバイスを受けたりして、つながりを数多くつくっていました。そういうところが大人だったと思いますし、それが、ホリエモン（堀江貴文《ほりえたかふみ》氏）との違《ちが》いだったのでしょう。

いずれにしても、厳しい局面は出てきますし、会社が大きくなると一定以上の影響は出てくるものなのです。

なお、ライブドアにしても、楽天にしても、テレビ局や球団などに手を出そうとしたのは同じでしょうが、その際、「すり抜《ぬ》けられるか、すり抜けられないか」ということには微妙《びみょう》なところがあるわけです。今までと同じ業界のなかであればよかったとしても、ほかのところに手を出したときには、やはりチェックが厳しくなってくるでしょう。

リクルートの江副浩正《えぞえひろまさ》氏が見落としたこと

昔で言えば、江副《えぞえ》（浩正《ひろまさ》）さんのリクルートがそうでした。リクルートは非常に発展しましたが、これは成功物語だったと思います。彼は、東大の学生時代に、「東京大学新聞」で広告取りを始め、卒業後は、ビルの屋上《おくじょう》に小屋を建てて、「大学新聞広告社」をつくりました。そのように、いろいろな会社から広告を集めてやり始め、だんだん大きくしたあたりまでは成功物語だったのです。

ところが、実際に引っ掛《か》かったのは、子会社の「リクルートコスモス」であり、不動産業に手を出したことがきっかけでした。

要するに、情報産業でやっている分には、みな、その先駆者《せんくしゃ》として認めていたのですが、不動産業に手を出すとなると話は違うわけです。ここには先発の敵がすでにいましたから、「不動産業にまで手を出してくるのなら、黙《だま》って見過ごすわけにはいかない」ということだったのでしょう。江副さんが不動産情報誌に手を出し、不動産業のほうに出ようとしたときに、敵が現れたのです。

このときは意外にも、新聞社系の不動産会社に〝やられた〟ようですが、こういう思わぬ敵が出てきました。それまでは、ほめられっぱなしだったところに、思わぬ伏兵《ふくへい》が出てきて、やられることがあるのです。

このように、自分の会社のことだけを考えている場合、発展ばかりを目指してしまうのですが、必ず、どこかで敵が出てきます。

リクルートも、最初は、市役所レベルを相手にしており、いろいろお世話になった人に未公開株などを配って歩いていても、相手から感謝され、ますます取引がよくなり、うまくいっていたわけです。ところが、だんだんリクルートが大きくなってきて、就職情報全部に関係しているようになってくると、かなり自信を持ってきました。そして、文部大臣室にまで入ってきて、そこで堂々と上場《じょうじょう》前の株を渡《わた》したりするほど、大胆《だいたん》になってきたのです（注。二〇一四年五月九日、江副浩正氏の霊言を収録した。『リクルート事件と失われた日本経済20年の謎《なぞ》 江副浩正元会長の霊言』〔幸福の科学出版刊〕参照）。

ただ、小さいうちは問題ではなかったようなことでも、大きくなってきたら、そうはいきません。社会的に、かなりの独占度《どくせんど》を高めており、影響力が強いので、「文部省と癒着《ゆちゃく》して、そこまでやっていいのか」というようなところが責められてくるわけです。

しかし、このへんの社会の批判の変化について、同一人物が、そう簡単に感じ取って、分けられるかというと、やはり難しいでしょう。そのため、突如《とつじょ》、そういう危機が起きるようなことがあります。要するに、小さいうちは、「心付《こころづ》け」で済んでいたものが、大きくなったら、「賄賂《わいろ》」と称《しょう》して攻撃《こうげき》の材料に使われることがあるということです。

5 「世間《せけん》の目」に耐《た》える

経営状態に影響《えいきょう》を与《あた》えるような「世間《せけん》の流れ」に気をつける

ともかく、自分の本業についての勉強も要《い》りますが、それ以外の社会全体の仕組みやシステム等についても、いろいろ勉強しておかなくてはいけません。マスコミに関する勉強として、「マスコミの相互《そうご》関係や敵対関係」「どういう主張を持っているか」というようなところも見なければいけないし、あるいは、「社会全体は今どちらのほうに向いていっているのか」ということに対しても関心を持たねばならないわけです。

例えば、昨日《きのう》（二〇一〇年十二月十一日）、「ＮＨＫスペシャル　シリーズ　日米安保《あんぽ》50年」を放映していました。もちろん、私は今日、経営の話をしなくてはいけないので、そんな番組を観《み》ている場合ではありません。政治の話をするならまだしも、経営の話をする前に観てはいけないと思いつつ、しかたがないので、経営の本を読みながら観たのです。「どのように報道するのかな」と思って観ていました。

ただ、そのままスーッと観てしまう人もいるのでしょうが、私の場合は、そのような観方をせずに、番組進行の組み立てを観るのです。

この番組では、まず、沖縄《おきなわ》の基地問題を取り上げ、「沖縄に、こんなに基地があっていいのか」「在日米軍基地の七十四パーセントが沖縄にあっていいのか」「はたして、占領《せんりょう》から六十五年もたっているのに、こんなに基地があり続けていいのか」といった議論をさんざんしていました。要は、「やっぱり基地は減らさなきゃいけない」「一つの県で、こんなに持っているのは異常だ」「戦争が終わって六十五年もたつのに、〝進駐軍《しんちゅう》〟がいるのはおかしい」というような議論を、左翼《さよく》系の言論人も入れた上でさんざんやったのです。

その上で、次のテーマとして、「ところで、最近の中国の脅威《きょうい》についてはどうか」「北朝鮮《きたちょうせん》の脅威についてはどうか」という内容に移っていきました。つまり、先のテーマとは、切り離《はな》されているのです。

ただし、こうしたものは、「組み方」一つで本当に変わってきます。もし逆にして、先に、最近の中国の脅威について取り上げた上で、沖縄の基地問題の議論を組み立ててきたら、内容は全然、変わってくるでしょう。

ところが、前述したように、まず、「基地がこんなにあるのはおかしい」という内容を取り上げておいて、そこで切り、そのあとで、「最近、中国が進出してきている。中国が発射するミサイルは軍事衛星でコントロールされており、宇宙から落ちてくるので、アメリカの空母は敵《かな》わない」ということを、一生懸命《いっしょうけんめい》に訴《うった》えているわけです。

もはや、その意図は明らかでしょう。要するに、「日米で組んで、防衛力を増強したって、どうせ敵わないんだから、早く諦《あきら》めろ」という感じの組み方をしているのであって、ディレクターの考えははっきりしています。つまり、組み方次第《しだい》で、そのように持っていけるということです。

本当は、こうした情報操作がされているところまで見抜《みぬ》いていかなければいけないのですが、一般《いっぱん》には、なかなかそこまでは行きません。ただ、新聞やテレビ等でも、世の中の動きそのものは分かります。やはり、世間《せけん》の流れが変わってくると、経営状態に影響《えいきょう》が出てくることはあるので、そういう情報もよく見ておかないといけないでしょう。

とにかく、会社が一定以上の大きさになったならば、「怖《こわ》さ」というか、「恐《おそ》ろしさ」を感じなくてはいけないのです。「はたして自分の能力がついていけるかどうか」ということに対する怖さを感じてき始めたら、経営者としては本物でしょう。未知なる恐怖《きょうふ》、「未知なる危機が出てくるのではないか」ということに対する〝怖さ〟を感じてき始めたら、ある程度、本物になってきたと見てよいと思います。最初は楽観的でないとやれないのですが、それだけでは済まなくなってくるのです。

一定の年齢《ねんれい》を超《こ》えると「耐《た》え忍《しの》ぶ力」が必要になる

また、当会では、「先見性《せんけんせい》」「予見性《よけんせい》」の大切さを説いています。ただ、若いうちは、そうしたものがあるほうが伸《の》びやすいのですが、一定の年齢《ねんれい》を超《こ》えたら、次は、「耐《た》え忍《しの》ぶ力」、つまり、次は、「忍耐力《にんたいりょく》」や「耐久力」といったものも大事になってくるのです。

やはり、偉《えら》くなればなるほど、人の目、社会の目は厳しくなります。また、ラ

〈経営リーダーの要諦⑯〉

会社が一定以上の大きさになったならば、「怖《こわ》さ」「恐《おそ》ろしさ」を感じなくてはいけないのです。「はたして自分の能力がついていけるかどうか」ということに対する怖さを感じてき始めたら、経営者としては本物でしょう。

イバルがたくさん出てくれば、そのなかで揉《も》まれもします。そのように、一定の年齢以上になると、だんだん厳しくなってくるので、今度は、「どれだけ持ち堪《こた》えられるか、耐えられるか」という力が試《ため》されるようになってくるのです。

それは、政治家を見てもよく分かるでしょう。毎日毎日、新聞の第一面で悪口を書かれています。偉くなるということは、それだけの耐久力、持ち堪える能力が要るわけで、まさに、根比べの問題でもあるのです。首相や大臣を辞《や》めた途端《とたん》に言われなくなるのですが、やっている間は攻撃《こうげき》され続けるので、本当に厳しいと思います。

今は、当会でも、政党（幸福実現党）のほうで、けっこう政府等の批判をしていますが、相手と同じ立場に立ったら、こちらもずいぶんやられるでしょう。幸福実現党としては、「マスコミが全然扱《あつか》ってくれないから悔《くや》しい」という気持ちもあるわけですが、やはり、「扱い始めたら大変なことになるよ」という見方もあるのです。

あるいは、マスコミの側にも、「幸福実現党を正当に扱い、普通《ふつう》の政党のように批判してもいいのであれば、やりますよ。でも、まだ準備ができていないのではないですか」というところがあるのかもしれません。

やはり、新聞の一面でガンガンに批判され始めたら、かなり堪えるでしょう。そこまで行くには、一定の「経験」と「胆力《たんりょく》」が必要になると思うのです。

ともかく、社長として成長するためには、最初は、「先見性」や「感性」が非常に必要ではあるけれども、だんだんに、「胆力」といったものを鍛《きた》えていかなければいけません。

成果を求めつつ、その目的のために自己啓発《けいはつ》に励《はげ》む

さらに、「成果をあげる」、あるいは、「成果を出す」ということに向けて、常

に自己啓発《けいはつ》に励《はげ》んでおくことが必要です。

「成果をあげる」という目的に向けて自己啓発をかけていくと、その人自身の人格が大きくなっていく面があります。

ところが、勉強でも何でも、成果を求めずに、ただただいろいろなものに気を散らしても、それほどうまくいかないことはあるのです。

やはり、成果を求めつつ、そのために自己啓発に励んでいると、人格として、人物として、一回り大きくなることがあるということです。

6 経営者に必要となる「美の探究」

これからの経営者の「生き筋《すじ》」とは

なお、これからの「生き筋《すじ》」として、最後に何点か付け加えておきます。

確かに、「ディスカウントで安売りして、デフレ時代を生きる」というやり方もあるのですが、これから、発展途上《とじょう》国が、安い値段でどんどん参入してくるわけです。そうなると、日本としては、さらに高度なほうへと「生き筋」を見いだしていかないかぎり、最終的には生き残っていけないでしょう。

ロケットを打ち上げても、探査機が金星の軌道《きどう》から蹴《け》り出されるようでは、まだまだ駄目《だめ》です（注。金星探査機の「あかつき」は、二〇一〇年十二月七日に金星の周回軌道に入る予定だったが失敗した。しかし、その後、二〇一五年十二月七日、「あかつき」の姿勢制御用エンジンを噴射して、金星周回軌道へ投入することに成功した）。金星に行って、イボガエル（型宇宙人）を捕《つか》まえて帰ってくるぐらいでなければ、日本の威信《いしん》は上がりません（笑）。もうひと頑張《がんば》りしないと、最先端国《さいせんたんこく》としては、やや恥《は》ずかしい状況《じょうきょう》ではないでしょうか。やはり、もっともっと上へ行かなくてはいけないと思います。

また、「真《しん》・善《ぜん》・美《び》」という観点から、「真理の探究」「善の探究」「美の探究」ということがよく言われますが、新しい文明・文化には、この「真・善・美」の探究が必要です。

当会としても、これまで、「真」と「善」については説いているものの、「美」についてはあまり述べていませんでした。ただ、「美」の観点も忘れてはいけないのです（注。説法《せっぽう》当時。その後、「美」に関する説法や書籍《しょせき》を多数収録・発刊しているほか、二〇一六年春にはＨＳＵ（ハッピー・サイエンス・ユニバーシティ）の未来創造学部に「芸能・クリエーター部門専攻《せんこう》コース」も新設する）。

やはり、経営のなかにも「美」はあります。次の時代の経営の生き筋のなかには、「美」という観点があるのです。同じようなサービスは、どこでもできるし、同じようなものは、どこでもつくれるでしょう。しかし、経営者としては、そのなかに「美の探究」を趣味《しゅみ》として持っておかないと、生き筋が見いだせないと思います。

要するに、例えば、不細工《ぶさいく》な車や不格好なテレビなど、こんなものは消えていく運命にあるわけです。そして、携帯《けいたい》電話であろうと何であろうと、いかに美しいか、いかに気が利《き》いたものになるか、というようなことが大事になってくるでしょう。

今後、実用性だけでは生きていけない時代が来ます。工夫《くふう》を凝《こ》らして、より美

〈経営リーダーの要諦⑰〉

次の時代の経営の生き筋《すじ》のなかには、
「美」という観点があるのです。
同じようなサービスは、どこでもできるし、
同じようなものは、どこでもつくれるでしょう。
しかし、経営者としては、
そのなかに「美の探究」を趣味《しゅみ》として持っておかないと、
生き筋が見いだせないと思います。

しいものをつくっていくことが求められるのです。それは、「形態美」でもありましょう。また、「機能美」、機能の美しさというものもあります。

あるいは、サービスにも、「サービスの美しさ」があると思うのです。

ちなみに、これが例としてふさわしいかどうかは分かりませんが、宅配便サービス系で言うと、佐川《さがわ》急便の配達員は、真冬でも半袖《はんそで》で働いています。あの横縞《よこじま》の制服は囚人《しゅうじん》のようにも見えるので、「ちょっと、どうかな」と思うのですが、夏でも冬でも半袖で走っているわけです。おそらく、忙《いそが》しそうに半袖で走っていることで商売が賑《にぎ》わっているように見せているのでしょう。

私は、「走る人も大変だな」と思いながら見ているのですが、あれも一つの美学なのだろうと思うのです。つまり、「〝飛脚《ひきゃく》〟は忙しくしなきゃいけない」という感じの美学なのでしょう。

あるいは、宝飾《ほうしょく》店の場合、いろいろなところの店員の手つきを見ると、やはり、ティファニーなどは格式があります。例えば、箱にリボンをかけるときの、女子社員の指先の美しさは、ほかとは違《ちが》うわけです。あれは、社員訓練のおかげでしょうから、指導している人の腕《うで》がよいのだと思います。リボンをかけるときの見事な手の動きを、客としてジーッと見ているのですが、これが、本当に美しいのです。

もちろん、こうしたことは値段に関係ありません。しかし、高級感をつくるのには役に立ちます。「包んだら終わりでしょ?」といえばそれまでかもしれませんが、やはり、「宅配便の荷物と同じではない」というところはあるのです。

いずれにせよ、「次の時代のコンセプトとして、『美』というものを、どこかに置いておかないといけない。機能性、実用性だけでは、高付加価値のものはつくれない」ということです。

そうしたことを考えるのも大事だと思います。

あとがき

とにかく若い団体だといわれた幸福の科学も、いつしか立宗三十周年目を迎えた。正直言って、外での戦いと、内なる闘《たたか》いの連続だった。あまりに速《はや》すぎる人事の変転《へんてん》には私自身も悩んだこともある。しかし、在家《ざいけ》時代に、財務のプロフェッショナルだったという自信が、現在の無借金体質のグローバル、コングロマリット経営を支えている。数百もの精舎《しょうじゃ》（支部・大型正心館《しょうしんかん》）を建て、全寮制の中高一貫校を二校、ユニバーシティを一校、映画製作部門、政党、ＨＳ政経塾、仏法真理塾などを無借金で運営しつつ、大講演会や、ベストセラーを出し続ける出版活動（出版社経営）も続けている。

やはり根本《こんぽん》は創造性であり、高付加価値を持つ、仕事のアイデアを出し続けることだと思う。本書には、数多くのヒントが示されているだろう。経営トップを目指し、走り続けている人々への、智慧《ちえ》の書となることを、心の底から祈ってやまない。

二〇一六年　二月二十三日

幸福《こうふく》の科学《かがく》グループ創始者兼総裁《そうししゃけんそうさい》　大川隆法《おおかわりゅうほう》

説法日一覧

第1章　経営とは、実に厳しいもの。
二〇〇四年四月二十日説法
東京都・幸福の科学総合本部にて

第2章　リーダーの器
二〇〇七年十二月十一日説法
東京都・幸福の科学　東京中央支部にて

第3章　インスピレーション獲得法
二〇一〇年二月十四日説法
静岡県・幸福の科学　伊豆支部精舎にて

第4章　新価値創造法
二〇一〇年一月十日説法
東京都・幸福の科学　東京正心館にて

第5章　逆境経営法
二〇一〇年十二月十二日説法
東京都・幸福の科学　東京正心館にて

『経営とは、実に厳しいもの。』大川隆法著作関連書籍

『常勝の法』（幸福の科学出版刊）
『創造の法』（同右）
『勇気の法』（同右）
『朝の来ない夜はない』（同右）
『されど光はここにある』（同右）
『未来創造のマネジメント』（同右）
『マイケル・イズ・ヒア！』（同右）
『リクルート事件と失われた日本経済20年の謎 江副浩正元会長の霊言』（同右）
『秋山真之の日本防衛論』（幸福実現党刊）

経営《けいえい》とは、実《じつ》に厳《きび》しいもの。

――逆境に打ち克つ経営法――

2016年3月28日　初版第1刷

著　者　　大《おお》　川《かわ》　隆《りゅう》　法《ほう》

発行所　　幸福の科学出版株式会社

〒107-0052 東京都港区赤坂2丁目10番14号

TEL(03)5573-7700

http://www.irhpress.co.jp/

印刷・製本　株式会社サンニチ印刷

落丁・乱丁本はおとりかえいたします

ISBN978-4-86395-777-0 C0030

Photo：Martin Hahn ／ Fotolia

未来創造のマネジメント

事業の限界を突破する法

豪華装丁
函入り

変転する経済のなかで、成長し続ける企業とは、経営者とは。経営判断、人材養成、イノベーション──戦後最大級の組織をつくりあげた著者による、現在進行形の経営論。

9,800円

社長学入門

常勝経営を目指して

豪華装丁
函入り

まだまだ先の見えない不安定な時代が続くなか、経営者はいかにあるべきか。組織を成長させ続け、勝機を見出していくためのマネジメントの17のポイント、そして、トップたるものの心構えを指南。

9,800円

経営入門

人材論から事業繁栄まで

豪華装丁
函入り

経営規模に応じた経営の組み立て方など、強い組織をつくるための「経営の急所」を伝授！　本書を実践し、使い込むほどに、「経営の実力」が高まっていく。経営の入門書であり、極意書。

9,800円

成功する仕事論・成功論

創造の法

常識を破壊し、新時代を拓く

個性を磨こう！ クリエイティブに生きよう！ 過去の成功にしがみついていても、未来は拓けない。人生と社会の閉塞感は、新しい価値を創造して打ち砕け！

1,800円

成功の法

真のエリートを目指して

成功するための生活の秘訣から、ビジネス成功法まで。成功を夢見る人のみならず、浪人、失恋、失業、大病、家庭崩壊、人間関係の失敗、老いで悩む人を励まし、導いてくれる書。

1,800円

Think Big！

未来を拓く挑戦者たちへ

「大きく考えよう！」の精神が、若者のみならず、日本と、そして世界を輝かせる。「思い」は必ず実現する。その「思いの力」を使いこなすための秘訣、ヒント、アイデアが詰まった一冊。

1,500円

エイジレス成功法

生涯現役9つの秘訣

年齢に縛られない生き方がある──。この「考え方」で、心・体・頭がみるみる若返り、介護や痴呆とは無縁の「生涯現役人生」が拓けてくる！

1,500円

※表示価格は本体価格（税別）です。

経営者に学ぶ

柳井正社長の守護霊インタビュー

ユニクロ成功の
霊的秘密と世界戦略

反日暴動でもユニクロが中国から撤退しない理由とは──。「逆張り」の異端児・柳井社長守護霊が語った、ユニクロ戦略の核心と、その本音に迫る！

1,500円

三木谷浩史社長の守護霊インタビュー

「楽天」とIT産業の未来

キャッシュレス、ネット選挙、個人情報の寡占化……。誰も知りえなかった楽天・三木谷社長の本心を、守護霊インタビューで明らかにする。

1,400円

ダイエー創業者 中内㓛・衝撃の警告

日本と世界の
景気はこう読め

「消費税増税」「脱原発」「中国リスク」── 先の見えない乱気流時代をどう生き抜くべきか？ 10年後に生き残る企業はどこか？

1,400円

稲盛和夫守護霊が語る
仏法と経営の厳しさについて

心ある経営者たちへ贈る、経営フィロソフィ。仏教の視点から見た経営の真髄とは？ 経営の視点から見た日本の問題とは？ 稀代の経営者の守護霊が、日本経済に辛口アドバイス！

1,400円

幸福の科学出版

HSUシリーズ

財務的思考とは何か

経営参謀としての財務の実践論

資金繰り、投資と運用、外的要因からの危機回避……。企業の命運は「財務」が握っている！ドラッカーさえ知らなかった「経営の秘儀」が示される。　3,000円

「経営成功学の原点」としての松下幸之助の発想

「商売」とは真剣勝負の連続である！「ダム経営」「事業部制」「無借金経営」等、経営の神様・松下幸之助の経営哲学の要諦を説き明かす。　1,500円

危機突破の社長学

一倉定の「厳しさの経営学」入門

経営の成功とは、鍛え抜かれた厳しさのなかにある。生前、5000社を超える企業を立て直した、名経営コンサルタントの社長指南の真髄がここに。　1,500円

イノベーション経営の秘訣

ドラッカー経営学の急所

わずか二十数年で世界百カ国以上に信者を持つ宗教組織をつくり上げた著者が、20世紀の知的巨人・ドラッカーの「経営思想」の勘所を説き明かす。　1,500円

※表示価格は本体価格（税別）です。

地球レベルでの「正しさ」を求めて

法シリーズ
第22作

正義の法
憎しみを超えて、愛を取れ

第１章　神は沈黙していない
——「学問的正義」を超える「真理」とは何か

第２章　宗教と唯物論の相克
——人間の魂を設計したのは誰なのか

第３章　正しさからの発展
——「正義」の観点から見た「政治と経済」

第４章　正義の原理
——「個人における正義」と「国家間における正義」の考え方

第５章　人類史の大転換
——日本が世界のリーダーとなるために必要なこと

第６章　神の正義の樹立
——今、世界に必要とされる「至高神」の教え

テロ事件、中東紛争、中国の軍拡——。あらゆる価値観の対立を超える「正義」とは何か。著者2000書目となる「法シリーズ」最新刊！

2,000円

現代の正義論
憲法、国防、税金、そして沖縄。
——『正義の法』特別講義編

国際政治と経済に今必要な「正義」とは——。北朝鮮の水爆実験、イスラムテロ、沖縄問題、マイナス金利など、時事問題に真正面から答えた一冊。

1,500円

幸福の科学出版

心を練る。叡智を得る。美しい空間で生まれ変わる。

幸福の科学の

精《しょう》舎《じゃ》

先見性、洞察力、不動心、決断力……
大人物に通底する独特の胆力。
あなたも、心の修養を通して、
深みのある人格づくりをしませんか。

幸福の科学の精舎は、
心を見つめ、深く考え、
幅広い見識の獲得と
人格の向上を目指す研修施設です。
全国各地の精舎では、
経営者、ビジネス・パーソン向けの
研修や祈願を数多く開催しています。

総本山・正心館

総本山・未来館

総本山・日光精舎

総本山・那須精舎

東京正心館

横浜正心館

聖地・四国正心館

大阪正心館

福岡正心館

【全国のおもな大型精舎】 ●北海道正心館 ●東北・田沢湖正心館 ●秋田信仰館 ●仙台正心館 ●千葉正心館 ●ヤング・ブッダ渋谷精舎 ●新宿精舎 ●箱根精舎 ●新潟正心館 ●中部正心館 ●北陸正心館 ●琵琶湖正心館 ●中国正心館 ●湯布院正心館 ●沖縄正心館

精舎の詳しい情報は、インターネットでご覧いただけます。**http://www.shoja-irh.jp/**

幸福の科学グループのご案内

宗教、教育、政治、出版などの活動を通じて、地球的ユートピアの実現を目指しています。

幸福の科学

一九八六年に立宗。信仰の対象は、地球系霊団の最高大霊、主エル・カンターレ。世界百カ国以上の国々に信者を持ち、全人類救済という尊い使命のもと、信者は、「愛」と「悟り」と「ユートピア建設」の教えの実践、伝道に励んでいます。

（二〇一六年二月現在）

愛

幸福の科学の「愛」とは、与える愛です。これは、仏教の慈悲《じひ》や布施《ふせ》の精神と同じことです。信者は、仏法真理をお伝えすることを通して、多くの方に幸福な人生を送っていただくための活動に励んでいます。

悟り

「悟り」とは、自らが仏の子であることを知るということです。教学《きょうがく》や精神統一によって心を磨き、智慧《ちえ》を得て悩みを解決すると共に、天使・菩薩《ぼさつ》の境地を目指し、より多くの人を救える力を身につけていきます。

ユートピア建設

私たち人間は、地上に理想世界を建設するという尊い使命を持って生まれてきています。社会の悪を押しとどめ、善を推し進めるために、信者はさまざまな活動に積極的に参加しています。

国内外の世界で貧困や災害、心の病で苦しんでいる人々に対しては、現地メンバーや支援団体と連携して、物心両面にわたり、あらゆる手段で手を差し伸べています。

年間約３万人の自殺者を減らすため、全国各地で街頭キャンペーンを展開しています。

公式サイト **www.withyou-hs.net**

ヘレン・ケラーを理想として活動する、ハンディキャップを持つ方とボランティアの会です。視聴覚障害者、肢体不自由な方々に仏法真理を学んでいただくための、さまざまなサポートをしています。

公式サイト **www.helen-hs.net**

INFORMATION

お近くの精舎・支部・拠点など、お問い合わせは、こちらまで！

幸福の科学サービスセンター

TEL. 03-5793-1727 (受付時間 火〜金:10〜20時／土・日・祝日:10〜18時)

幸福の科学 公式サイト happy-science.jp

学部のご案内

人間幸福学部

人間学を学び、新時代を切り拓くリーダーとなる

人間の本質と真実の幸福について深く探究し、
高い語学力や国際教養を身につけ、人類の幸福に貢献する
新時代のリーダーを目指します。

経営成功学部

企業や国家の繁栄を実現する、起業家精神あふれる人材となる

企業と社会を繁栄に導くビジネスリーダー・真理経営者や、
国家と世界の発展に貢献する
起業家精神あふれる人材を輩出します。

未来産業学部

新文明の源流を創造するチャレンジャーとなる

未来産業の基礎となる理系科目を幅広く修得し、
新たな産業を起こす創造力と起業家精神を磨き、
未来文明の源流を開拓します。

未来創造学部

2016年4月
開設予定

時代を変え、未来を創る主役となる

政治家やジャーナリスト、ライター、俳優・タレントなどのスター、
映画監督・脚本家などのクリエーターを目指し、国家や世界の発展、
幸福化に貢献できるマクロ的影響力を持った徳ある人材を育てます。

キャンパスは東京がメインとなり、2年制の短期特進課程も新設します（4年制の1年次は千葉です）。2017年3月までは、赤坂「ユートピア活動推進館」、2017年4月より東京都江東区（東西線東陽町駅近く）の新校舎「HSU未来創造・東京キャンパス」がキャンパスとなります。

教育

学校法人 幸福の科学学園

学校法人 幸福の科学学園は、幸福の科学の教育理念のもとにつくられた教育機関です。人間にとって最も大切な宗教教育の導入を通じて精神性を高めながら、ユートピア建設に貢献する人材輩出を目指しています。

幸福の科学学園

中学校・高等学校（那須本校）
2010年4月開校・栃木県那須郡（男女共学・全寮制）
TEL **0287-75-7777**
公式サイト **happy-science.ac.jp**

関西中学校・高等学校（関西校）
2013年4月開校・滋賀県大津市（男女共学・寮及び通学）
TEL **077-573-7774**
公式サイト **kansai.happy-science.ac.jp**

ハッピー・サイエンス・ユニバーシティ（HSU）
TEL **0475-32-7770**

仏法真理塾「サクセスNo.1」 TEL **03-5750-0747**（東京本校）
小・中・高校生が、信仰教育を基礎にしながら、「勉強も『心の修行』」と考えて学んでいます。

不登校児支援スクール「ネバー・マインド」 TEL **03-5750-1741**
心の面からのアプローチを重視して、不登校の子供たちを支援しています。
また、障害児支援の**「ユー・アー・エンゼル!」運動**も行っています。

エンゼルプランV TEL **03-5750-0757**
幼少時からの心の教育を大切にして、信仰をベースにした幼児教育を行っています。

シニア・プラン21 TEL **03-6384-0778**
希望に満ちた生涯現役人生のために、年齢を問わず、多くの方が学んでいます。

NPO 活動支援

いじめから子供を守ろうネットワーク

学校からのいじめ追放を目指し、さまざまな社会提言をしています。また、各地でのシンポジウムや学校への啓発ポスター掲示等に取り組む一般財団法人「いじめから子供を守ろうネットワーク」を支援しています。

ブログ **blog.mamoro.org**
公式サイト **mamoro.org**
相談窓口 **TEL.03-5719-2170**

政治

幸福実現党

内憂外患《ないゆうがいかん》の国難に立ち向かうべく、二〇〇九年五月に幸福実現党を立党しました。創立者である大川隆法党総裁の精神的指導のもと、宗教だけでは解決できない問題に取り組み、幸福を具体化するための力になっています。

党員の機関紙
「幸福実現NEWS」

TEL 03-6441-0754
公式サイト hr-party.jp
若者向け政治サイト truthyouth.jp

出版 メディア 事業

幸福の科学出版

大川隆法総裁の仏法真理の書を中心に、ビジネス、自己啓発、小説など、さまざまなジャンルの書籍・雑誌を出版しています。他にも、映画事業、文学・学術発展のための振興事業、テレビ・ラジオ番組の提供など、幸福の科学文化を広げる事業を行っています。

アー・ユー・ハッピー?
are-you-happy.com

ザ・リバティ
the-liberty.com

幸福の科学出版

TEL 03-5573-7700
公式サイト irhpress.co.jp

THE FACT

ザ・ファクト
マスコミが報道しない
「事実」を世界に伝える
ネット・オピニオン番組

Youtubeにて
随時好評配信中!

ザ・ファクト　検索

入会のご案内

あなたも、幸福の科学に集い、
ほんとうの幸福を
見つけてみませんか？

幸福の科学では、大川隆法総裁が説く仏法真理をもとに、
「どうすれば幸福になれるのか、また、
他の人を幸福にできるのか」を学び、実践しています。

入会

大川隆法総裁の教えを信じ、学ぼうとする方なら、どなたでも入会できます。入会された方には、『入会版「正心法語」』が授与されます。（入会の奉納は1,000円目安です）

ネットでも**入会**
できます。詳しくは、
下記URLへ。
happy-science.jp/joinus

三帰《さんき》誓願《せいがん》

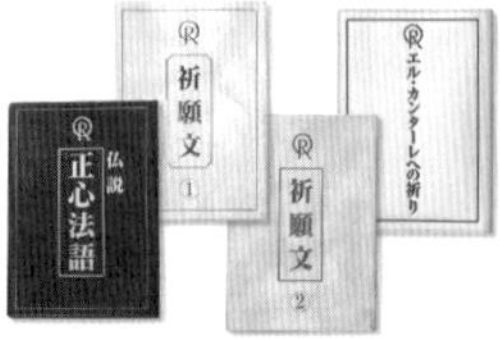

仏弟子としてさらに信仰を深めたい方は、仏・法・僧の三宝への帰依を誓う「三帰誓願式」を受けることができます。三帰誓願者には、『仏説・正心法語』『祈願文①』『祈願文②』『エル・カンターレへの祈り』が授与されます。

植福《しょくふく》の会

植福は、ユートピア建設のために、自分の富を差し出す尊い布施の行為です。布施の機会として、毎月1口1,000円からお申込みいただける、「植福の会」がございます。

ご希望の方には、幸福の科学の小冊子（毎月1回）をお送りいたします。詳しくは、下記の電話番号までお問い合わせください。

月刊
「幸福の科学」

ザ・伝道

ヤング・ブッダ

ヘルメス・
エンゼルズ

INFORMATION	幸福の科学サービスセンター TEL. 03-5793-1727（受付時間 火～金：10～20時／土・日・祝日：10～18時） 幸福の科学 公式サイト happy-science.jp